नेपथ्य राग

नाटक

नेपथ्य राग

मीरा कांत

भारतीय ज्ञानपीठ

चौथा संस्करण : 2021
पाँचवाँ संस्करण : 2022

पाँचवें संस्करण की प्रकाशित प्रतियाँ : 200

भारतीय ज्ञानपीठ
लोकोदय ग्रन्थमाला : ग्रन्थांक 736

प्रकाशक
वाणी प्रकाशन ग्रुप
4695, 21-ए, दरियागंज, नयी दिल्ली-110 002
फ़ोन : 011-23273167, 23275710
ईमेल : sales@vaniprakashan.in

ISBN : 978-93-5518-336-1

नेपथ्य राग
(नाटक)
मीरा कांत

NEPATHYA RAAG
(Play)
by Meera Kant

मुद्रक : आर. टेक ऑफ़सेट प्रिंटर्स, दिल्ली-110 032

आवरण चित्र : सीरज सक्सेना
आवरण साज-सज्जा : अशोक भौमिक

Price : INR. 125

युग-युगान्तर से
नेपथ्य में खड़ी
अनदेखी अनसुनी
खना के नाम...

कथासार

'नेपथ्य राग' उस रागिनी की कथा है जो युग-युगान्तर से समाजरूपी रंगमंच के केन्द्र में आने के लिए संघर्षरत है। इसी संघर्ष को नाटक प्रस्तुत करता है इतिहास और पौराणिक आख्यान की देहरी पर प्रज्वलित एक दीपशिखा के माध्यम से, जिसे नाम मिला है खना।

नाटक का आरम्भ आधुनिक परिवेश में कथावाचन शैली में होता है जहाँ एक कामकाजी युवती मेधा कार्यालय में अपने पुरुष सहकर्मियों से सहयोग न मिल पाने के कारण दुःखी है। मेधा इन स्थितियों की समीक्षा करना चाहती है कि तभी उच्च पदाधिकारी उसकी माँ उसे दृष्टान्त के रूप में एक कहानी सुनाती है जो मेधा के दर्द को एक बृहत्तर आयाम देती है—खना की कहानी। माँ और मेधा के सम्भाषण के सूत्र में खना यानी एक प्रतिभावान, अध्यवसायी स्त्री के दर्द की कथा को पिरोया गया है।

नाटक का पृष्ठाधार है चौथी-पाँचवीं शताब्दी की उज्जयिनी जब वहाँ मालवगणनायक चन्द्रगुप्त विक्रमादित्य का शासन था। इसी समय एक ग्रामबाला खना की ज्ञान-प्राप्ति की तृषा उसे साहित्य व कला के धाम उज्जयिनी ले आती है। अपनी विलक्षण बुद्धि एवं एकनिष्ठ जिज्ञासा के कारण उसे प्रख्यात ज्योतिषाचार्य वराह मिहिर का शिष्यत्व प्राप्त होता है। शीघ्र ही परिस्थितियाँ उसे वराह मिहिर की पुत्रवधू बना देती हैं क्योंकि उनका पुत्र पृथुयशस खना के ज्ञान से ढँके अक्षत सौन्दर्य के प्रति आसक्त है। खना के गुरु आचार्य वराह अब उसके श्वसुर भी हैं।

वराह मिहिर विक्रमादित्य के नवरत्नों में से एक हैं। उनका राजसभा से सम्बन्ध खना देवी की बढ़ती ज्ञान-कीर्ति को वहाँ तक ले जाता है। विक्रमादित्य ज्ञान के आलोक से दीप्त इस व्यक्तित्व की ओर बहुत तेज़ी से आकृष्ट होते हैं। वे खना देवी को अपनी राजसभा में एक सभासद के रूप में अलंकृत करना

चाहते हैं। यहीं पुरुषप्रधान समाज के प्रतिनिधि नवरत्न इस प्रयास को अपने कुटिल चातुर्य से ध्वस्त कर देते हैं। इससे भी अधिक दुर्भाग्यपूर्ण यह है कि स्वयं खना के गुरु और श्वसुर आचार्य वराह तटस्थ रहकर इस षड्यन्त्र का एक सक्रिय कारक बनते हैं। विक्रमादित्य के नवरत्न खना को सभासद के रूप में प्रत्यक्षत: स्वीकार करके राजसभा में एक मूक सभासद के रूप में उसके प्रवेश को ही अपनी सहमति प्रदान करते हैं। उनकी यह सहमति प्रकारान्तर से खना के विदुषी रूप का निषेध है।

नाटक के अन्त में मेधा यह जानने को उत्सुक है कि अन्तत: खना का क्या हुआ। माँ बताती है कि वास्तविक अन्त तो किसी को मालूम नहीं परन्तु कुछ का मानना है कि उसकी जिह्वा काट दी गयी, कुछ का मानना है कि अपने परिवार और श्वसुर को अपमान से बचाने के लिए उसने स्वयं अपनी जिह्वा काट ली। परन्तु तभी दादी इसे एक अन्य आयाम दे देती हैं यह कहकर कि उनकी दादी (दादी की दादी) बताती थीं कि खना की जिह्वा तो स्वयं वराह मिहिर ने काट ली थी।

दादी की इस उक्ति पर नाटक का अन्त होना प्रतीकात्मक है क्योंकि वैचारिक अभिव्यक्ति से रहित स्त्री ही समाज को स्वीकार्य रही है। यह दृष्टिकोण पीढ़ी-दर-पीढ़ी पारम्परिक रूप से शताब्दियों से बहता चला आया है और इसने जनमानस में अपनी ज़मीन तलाश ली है। इसी ज़मीन पर समय-समय पर कहीं-कहीं फूटते हैं पौधे दर्द के, चुभन के — इस एहसास के कि खना शताब्दियों पहले भी नेपथ्य में थी और आज भी सही मायने में नेपथ्य में ही है।

पात्र-परिचय

खना : आयु लगभग 20 वर्ष। व्यक्तित्व में आत्मविश्वास व चेहरे पर तेजस्विता की कान्ति, विनम्र, सुदर्शना।

वराह मिहिर : आयु लगभग 60 वर्ष। सुविख्यात ज्योतिषाचार्य, विद्वान, चन्द्रगुप्त विक्रमादित्य के नवरत्नों में से एक रत्न। गणराज्य के भौतिकी व जनहित विभाग के प्रभारी। पृथुयशस के पिता और खना के गुरु व श्वसुर।

चन्द्रगुप्त विक्रमादित्य : आयु लगभग 50 वर्ष। मालवगणराज्य के नरेश। भव्य व्यक्तित्व, संवेदनशील। लीक से हटकर कुछ करने की क्षमता वाले।

सुबन्धु भट्ट : आयु लगभग 40 वर्ष। सौम्य व्यक्तित्व, सामान्य कद-काठी, अध्ययन में रुचि, खना के बन्धु काका।

मेधा : आयु लगभग 26 वर्ष। आधुनिक पात्र, दफ्तर में अपने विभाग की प्रभारी, ऊर्जा से भरपूर, मेधावी, कर्मठ।

माँ : आयु लगभग 58 वर्ष। आधुनिक पात्र, मेधा की माँ, सरकारी सेवा में उच्च पदासीन।

महादेवी : आयु लगभग 35 वर्ष। मालवगणनायक विक्रमादित्य की राजमहिषी, लावण्यमयी, बुद्धिमती, व्यवहारकुशल।

दादी : आयु लगभग 75 वर्ष। आधुनिक पात्र, मेधा की दादी।

पृथुयशस : आयु लगभग 26 वर्ष। उदीयमान ज्योतिषाचार्य, सुदर्शन, प्रभावशाली व्यक्तित्व। आचार्य वराह मिहिर का पुत्र और खना का पति।

धन्वन्तरि : आयु लगभग 80 वर्ष। आयुर्वेद के उद्‌भट विद्वान, ऊँचा कद, सफेद बाल व सफेद दाढ़ी। विक्रमादित्य के नवरत्नों में से एक रत्न। गणराज्य के स्वास्थ्य विभाग के प्रभारी।

वररुचि : आयु लगभग 55 वर्ष। प्राकृत के सुप्रसिद्ध वैयाकरण। विक्रमादित्य के नवरत्नों में से एक रत्न। गणराज्य के शिक्षा विभाग के प्रभारी।

क्षपणक : आयु लगभग 60 वर्ष। मालवगणराज्य के सुप्रसिद्ध न्यायविद् एवं गणराज्य की न्याय व्यवस्था के प्रभारी। विक्रमादित्य के नवरत्नों में से एक रत्न।

घटखर्पर : आयु लगभग 50 वर्ष। मालवगणनायक के नवरत्नों में से एक रत्न। गणराज्य में आविष्कार विभाग के प्रभारी।

निर्धन पुरुष : **(विक्रमादित्य का छद्म रूप)** आयु लगभग 50 वर्ष। मैले-फटे वस्त्र व कम्बल धारण किये, मुख पर लम्बी मैली दाढ़ी, कमर दुःखों के बोझ से झुकी हुई-सी।

द्वारपाल

प्रतिहारी

देश-काल

चौथी-पाँचवीं शताब्दी। मालवगणनायक चन्द्रगुप्त विक्रमादित्य की उज्जयिनी तथा आचार्य वराह मिहिर के कापित्थक ग्राम की पृष्ठभूमि में संयोजित दृश्य-विधानों तथा किसी भी आधुनिक शहर को दर्शाती स्थितियों का सम्मिश्रण।

दृश्य : एक

[आधुनिक घर का एक कमरा। किसी उच्चाधिकारी के घर जैसा जहाँ अभिजात्य की छाप स्पष्ट है। कमरे में बहती हवा में तनाव है। माँ और मेधा में किसी गम्भीर विषय पर चल रही चर्चा के बीच ही अचानक पर्दा उठता है। माँ एक कुर्सी पर बैठी है जबकि मेधा खड़ी है। माँ प्रौढ़ा है जिसके बालों में चाँदनी झलक रही है। माँ ने हैण्डलूम की साड़ी पहन रखी है। छरहरे बदन की मेधा माँ का प्रतिरूप प्रतीत हो रही है। उसने पैण्ट व टी-शर्ट पहन रखी है। मेज़ पर चाय की दो प्यालियाँ हैं।]

मेधा : तुम मेरी प्रॉब्लम नहीं समझ रही हो... *(स्वगत)* या शायद समझ नहीं सकतीं... *(मुखरित)* तुम इसे अपने टाइम से इक्वेट कर रही हो। थिंग्स आर वेरी डिफरेण्ट नाव।

माँ : *(संयत स्वर में)* आई नो...आई नो...मगर मेधा...

मेधा : *(स्वर में परेशानी)* नहीं ममा नहीं...

माँ : ऐसे परेशान होने से...मेरा मतलब...तुम समझने की कोशिश करो...ऑफिस में तो ये सब चलता ही रहता है।

मेधा : तुम मेरी प्रॉब्लम को जनेरेलाइज़ कर रही हो...मेरा ऑफिस...

माँ : क्यों? तुम्हारे ऑफिस में क्या खास बात है? तुम क्या इसे आज के ज़माने की कोई नयी प्रॉब्लम समझ रही हो? तुम्हारे ही शब्दों में...क्या है वो...पोस्ट मॉडर्न प्रॉब्लम!

(तभी दादी का प्रवेश। उनके हाथ में तह की हुई एक साड़ी है। वह मेज़ पर रखे चाय के प्यालों को देख रुकती हैं।)

दादी : *(प्याले में झाँकते हुए)* अरे चाय तो वैसी ही रखी है...अब तो ठण्डी हो गयी होगी।

(माँ और मेधा दादी की ओर देखती हैं। फिर दादी माँ की ओर बढ़ती है।)

बहू प्रेस के लिए मेरी यह साड़ी भी भिजवा देना...सोचती हूँ इन गर्मियों में इसे पहन ही डालूँ।

(माँ खड़ी होकर साड़ी लेती है मगर ध्यान बराबर अपनी बीच में ही रुक गयी बात में और मेधा पर है।)

माँ : जी माँजी...भिजवा दूँगी।

दादी : *(दर्शकों को सम्बोधित करते मानो स्वगत)* सन्ध्या बाती के समय न जाने क्या गूदड़ झगड़े लिए बैठी हैं दोनों!

(कहते-कहते मंच से निकल जाती है।)

मेधा : *(स्वर में आर्द्रता)* ममा...ममा, मन में एक घुटन-सी होती है। समझ में नहीं आता क्या करूँ...

माँ : *(पास आकर कन्धे पकड़ती है और कोमल उदास स्वर में)* मैं समझती हूँ मेधा...समझती हूँ पर...*(ज़रा हटकर उदासी से उबरने का प्रयास करते हुए)* अच्छा बताओ वॉक पर चलोगी?

मेधा : *(चौंककर)* वॉक!!

माँ : हाँ...मैं तुम्हें एक कहानी सुनाना चाहती हूँ।

मेधा : *(खीझ के साथ)* ओ ममा, प्लीज़...मैं अपनी प्रॉब्लम्स में...

माँ : *(संयत स्वर में)* जानती हूँ...तभी तो...

मेधा : क्या तभी तो?

माँ : तभी तो कहानी सुनाऊँगी। *(मंच पर आगे की ओर आते हुए)* सदियों से चली आ रही कहानी...वॉक करते हुए एक 'चली आ रही कहानी'। *(ठहरकर सोचते हुए)* नहीं, ठहरी हुई स्थिति की कहानी!

मेधा : कौन-सी कहानी? किसकी कहानी?

माँ : औरत की कहानी...पढ़ी-लिखी प्रतिभावान औरत की कहानी...खना की कहानी।

मेधा : *(माँ के पास आकर)* खना? खना कौन?

माँ : पहली महिला ज्योतिषी...जिसके ज्योतिष सम्बन्धी वचन आज तक प्रचलित हैं।

मेधा : तुम हिस्ट्री की बात कर रही हो या माइथॉलोजी की?

माँ : *(मेज़ से प्याला उठाकर एक घूँट भरती है, प्याला वापस रखते हुए)* यही तो मुश्किल है इस देश में...समय बह रहा

है...लगातार एक गोल घेरे में...कहाँ कब माइथॉलोजी खत्म होती है और हिस्ट्री शुरू होती है...सब...सब इतना घुला-मिला है दूध में पानी की तरह कि कभी लगता है पानी नहीं दूध है और कभी लगता है दूध नहीं पानी है। क्यों? भूल गयीं? एक अँग्रेज़ अफसर ने अपने आका को यहाँ का हाल सुनाते हुए नहीं लिखा था अपने एक खत में कि...*(याद-सा करती है।)*

मेधा : हाँ-हाँ...शायद यही कि 'दे हैव नो सेंस ऑफ हिस्ट्री'...इतिहास का बोध नहीं है इन्हें।

माँ : *(स्वर में उत्तेजना)* जी हाँ...उसके शब्द थे...'दीज़ इण्डियन्स आर सच ईडियट्स दैट दे यूज़ सेम वर्ड फॉर येस्टरडे एण्ड टुमॉरो।'

मेधा : क्या?

माँ : हाँ...हम येस्टरडे और टुमॉरो दोनों के लिए क्या एक ही शब्द इस्तेमाल नहीं करते? कल...यानी एक बीता हुआ कल और एक आनेवाला!

मेधा : हाँ...मगर ऐसा है क्यों?

माँ : क्योंकि अनुभव हमारे लिए समय से बाहर हैं...कालातीत अनुभवों में विश्वास करते हैं हम। तभी तो हमारे यहाँ मिथक और इतिहास के बीच की रेखा स्पष्ट नहीं हो पाती है कभी-कभी...चलो वॉक करते हुए सुनाती हूँ।

मेधा : *(खुद को निरखकर)* क्या चेंज करूँ?

माँ : *(बेपरवाही से)* नहीं, ठीक हो।

(दोनों चलने लगती हैं।)

ये जो खना थी...माइथॉलोजी के अनुसार सिंहलद्वीप के मय दानव की बेटी थी...पर अब हमें इससे क्या! मेरी कहानी चन्द्रगुप्त विक्रमादित्य के युग की कहानी है...यही कोई चौथी-पाँचवीं शताब्दी का उज्जैन...लगभग डेढ़ हज़ार साल पहले। पता नहीं खना कहाँ की होगी...मान लो उज्जैन के आस-पास के किसी गाँव या प्रदेश में रहती थी। ज्ञान की चाह उसे शहर खींच लायी होगी। उस युग में हॉस्टल में तो रहती नहीं होगी। अपने किसी सम्बन्धी के यहाँ ही रही होगी। ज़ाहिर है वह

सम्बन्धी विद्वान भी होगा। शायद उसका मामा हो या चाचा। कोई भी हो सकता है। मान लो चाचा था।

मेधा : *(खीझकर)* ओ हो...अब असली बात पर आएँ।

माँ : *(मुस्कराकर)* बिना भटके...इतनी जल्दी! फास्ट फूड की तरह?

मेधा : *(झल्लाकर)* ममा प्लीज़!

माँ : *(दूर की कहानी में खोते हुए)* चलो, वह अपने चाचा सुबन्धु भट्ट के पास रहने आयी थी। वो सुबन्धु भट्ट जिन्हें वह प्यार से बन्धु काका कहती थी।

मेधा : *(माँ को कहानी में डूबता देख स्वयं भी उस कहानी की वीथि की ओर बढ़ते हुए)* बन्धु काका!

दृश्य : दो

[दृश्य – एक में से ही दृश्य – दो प्रस्फुटित होता है। मंच पर दूसरी ओर से सुबन्धु भट्ट का दूरवीक्षक (दूरबीन) लिये प्रवेश। पीछे-पीछे उत्साहित खना भी चली आ रही है। उन दोनों के आते ही मंच पर चौथी-पाँचवीं शताब्दी के परिवेश की सृष्टि होती है। मंच पर नीला प्रकाश छा जाता है जो रात्रि का संकेत देता है। सुबन्धु भट्ट दूरवीक्षक एक ओर रख खना को आकाश के ग्रह-नक्षत्र देखने का संकेत करते हैं। खना देखना शुरू करती है। अचानक एक स्थान पर स्थिर होकर देखती है। चेहरे पर आश्चर्य व उत्साह का मिश्रित भाव उभरता है। सुबन्धु भट्ट एक मूढ़े पर बैठे उत्साहित होकर उसका देखना देखते हैं। मेधा और माँ एक ओर बैठ उन्हें निहारते हैं।]

सुबन्धु भट्ट : *(जिज्ञासापूर्वक)* क्या देखा खना?

खना : *(चेहरा पलटकर बताती है)* पश्चिम के आकाश में शुक्र...सुन्दर... अति सुन्दर! *(दोबारा दूरवीक्षक में व्यस्त हो जाती है।)*

सुबन्धु भट्ट : *(मुस्कराकर)* सुन्दर है!

खना : यह धनु का शुक्र होगा न बन्धु काका?

सुबन्धु भट्ट : *(गम्भीर स्वर में)* इतने शीघ्र किसी निष्कर्ष पर मत पहुँचो। अभी देखो।

खना : देख तो रही हूँ।

सुबन्धु भट्ट : तुम सब कुछ बहुत शीघ्र जान लेना चाहती हो...अभी तो आयी हो उज्जयिनी...इस कला के धाम में...धीरे-धीरे सब सीख जाओगी।

खना : *(प्रफुल्लित होकर)* बन्धु काका! देखिए वो...अरुन्धती...सप्तर्षियों के पास का तारा अरुन्धती! *(दूरवीक्षक छोड़कर पलटती है। एक क्षण विचार कर)* पर मैं ऐसा क्या कहती या करती हूँ कि आपको लगा...

सुबन्धु भट्ट : क्या?

खना : यही कि सब कुछ बहुत शीघ्र जान लेना चाहती हूँ।

सुबन्धु भट्ट : क्यों, वह तुम्हारा आचार्य वराह मिहिर से मिलने का हठ... *(छेड़ते हुए)* दिन में दस बार स्मरण कराती हो।

खना : *(रूठे-से स्वर में)* पर आपने तो कहा था कि वे प्राय: आपके यहाँ आते हैं।

सुबन्धु भट्ट : हाँ भई, आते हैं पर इधर कुछ दिनों से...मुझसे तो उनका पुत्रवत् व्यवहार है...परन्तु सुनता हूँ आजकल मालवगणनायक विक्रमादित्य अपने नवरत्नों को अलग-अलग परियोजनाओं में व्यस्त कर रहे हैं।

खना : *(स्वर में अधैर्य)* घर नहीं आ पा रहे तो क्या पाठशाला में भी भेंट नहीं हो पाती?

सुबन्धु भट्ट : *(मुस्कराकर)* पाठशाला में उनका क्या काम! भोली हो...वे मालवगणनायक के नवरत्नों में हैं...देश के भौतिकी और जनहित विभाग के प्रभारी हैं...यह तो मेरा पूर्व पुण्य है कि वे स्नेहवश मुझे उपकृत करने यहाँ चले आते हैं। *(विचारों में डूबकर)* इधर न जाने क्यों कुछ अधिक ही समय हो गया।

(तभी आचार्य वराह मिहिर का प्रवेश।)

वराह मिहिर : *(पुकारते स्वर में)* सुबन्धु...सुबन्धु...भीतर हो क्या?

सुबन्धु भट्ट : *(अचम्भित होकर खड़े होते हुए)* आचार्य वराह! आइए गुरुदेव!

(सुबन्धु भट्ट हाथ जोड़कर वराह मिहिर का स्वागत करते हैं।)

खना : *(झटके के साथ उस ओर पलटती है)* आचार्य वराह मिहिर! *(आगे जाकर श्रद्धा से चरण स्पर्श करती है और फिर उनके चरण छोड़ती नहीं है।)*

वराह मिहिर : *(अचम्भित स्वर में)* कौन?

सुबन्धु भट्ट : मेरे स्वर्गीय पूज्य भाई की पुत्री है...खना...कुछ ही दिन हुए उज्जयिनी आयी है।

वराह मिहिर : उठो पुत्री!

खना : क्या आशीर्वाद नहीं मिलेगा गुरुवर?

वराह मिहिर : सुखी रहो!

खना : *(चरण नहीं छोड़ती)* केवल इतना ही?

वराह मिहिर : *(नीचे खना की ओर देखते हैं)* शून्य ललाट पर शीघ्र किसी के अनुराग का सौभाग्य-चिह्न दिखाई दे।

खना : *(ऊपर को देखकर)* बस, इतना ही गुरुवर?

वराह मिहिर : *(मुस्कराते हुए)* केवल इतने से सन्तोष नहीं है तो चलो आज तुम्हें यह आशीष देते हैं कि किसी कुलीन सम्भ्रान्त श्रीमन्त के घर की कुललक्ष्मी बनो।

खना : *(चरण छोड़ उठती है। फिर हाथ जोड़कर)* मुझे आश्रय चाहिए...ज्ञान का आश्रय...आपका आश्रय...ज्ञानमार्गी होने का वरदान दीजिए।

वराह मिहिर : *(अचम्भित होकर)* ज्ञानमार्गी! उसके लिए सामान्य जीवन का त्याग करना पड़ता है। नहीं...ज्ञान के साथ निभ नहीं पाता है सामान्य जीवन।

खना : जानती हूँ गुरुवर। धृष्टता क्षमा करें...क्या हम साधारण को सामान्य नहीं कहते? असाधारण उपलब्धि के लिए सामान्य जीवन का त्याग करना ही होता है।

वराह मिहिर : *(खना को ठहरकर ध्यान से देखते हैं। क्षण भर के लिए विचार करते हैं। फिर अनिमेष देखते हुए)* ओ...जीवन से तुम्हारी अपेक्षा क्या है?

खना : *(प्रसन्न हो स्वप्नलोक में खो-सी जाती है)* जीवन से अपेक्षा! मेरी अपेक्षा! *(प्रफुल्लित स्वर में)* मैं...मैं...जीवन को अवनि से अम्बर तक आत्मसात करना चाहती हूँ। अपने इन स्थूल चक्षुओं को ज्ञान-चक्षु बनाना चाहती हूँ जिससे स्थूल आकृतियों

के पार देख सकूँ। देश और काल की कारा से मुक्त दृष्टि चाहती हूँ।

सुबन्धु भट्ट : *(स्वर में परेशानी)* खना...तनिक...

खना : *(सुबन्धु भट्ट की बात न सुन अपने लोक में बहती चली जाती है)* पूर्व से पश्चिम और उत्तर से दक्षिण तक फैले गगन मण्डल में कभी चमकते, कभी ठिठकते, कभी विमुख होते ग्रह, नक्षत्रों व तारों का सत्त्व ग्रहण करना चाहती हूँ। उनसे बातें करना चाहती हूँ। आह! जीवन से अपेक्षा! *(सारे मंच पर घूमते हुए)* सूर्य से आत्मप्रकाश चाहती हूँ। चन्द्रमा से मन का संसार चाहती हूँ, मन की उधेड़बुन को समझना चाहती हूँ। मंगल से उत्साह और ऊर्जा चाहती हूँ। बुध से अभिव्यक्ति चाहती हूँ। बृहस्पति से विवेक चाहती हूँ। शुक्र से कलात्मक रचाव का सुख चाहती हूँ और शनि से...शनि से उचित-अनुचित की पहचान की सूक्ष्म दृष्टि! और हमारे जो दो तिरस्कृत, उपेक्षित छायाग्रह हैं—राहु और केतु, उनकी कृपा चाहती हूँ।

(आचार्य वराह के पास आती है।)

मुझे ज्योतिष की ज्योति का आशीर्वाद दीजिए गुरुवर...जिससे सृष्टि को समझ सकूँ...ग्रह-नक्षत्रों को साक्षात् देख पाऊँ...उनकी गति जानने-समझने में मेरी गति हो। ऐसा ज्ञान चाहिए जो भय से मुक्ति दे।

(मेधा आनन्दित हो आश्चर्य के साथ खना की ओर बढ़ने लगती है। तभी माँ उसे बाँह से खींच वापस ले आती है और खामोशी से देखने का संकेत करती है।)

वराह मिहिर : पुत्री, तुम्हारे ललाट की रेखाओं को जितना पढ़ पाया हूँ...वे कहती हैं कि तुम्हारी वाणी कहावतों की तरह मौखिक कविता बन जाएगी। जनमानस में फैलकर अमर हो जाएगी। जब तक पृथ्वी पर सूर्य रहेगा तुम पर गुरु की अक्षय अनुकम्पा रहेगी।

खना : *(हाथ जोड़कर)* आप तो आकाश के गुरु की बात कर रहे हैं...बृहस्पति की...मैं तो पृथ्वी के गुरु की अनुकम्पा चाहती हूँ। आचार्य आपकी अनुकम्पा...

वराह मिहिर : *(कुछ प्रसन्न कुछ हतप्रभ मुद्रा में मानो स्वयं से कह रहे हों)*

आज के दिन क्या दूसरे की इच्छा के आगे परास्त होने का मुहूर्त है? *(सुबन्धु भट्ट से)* सुबन्धु भट्ट, आज का नक्षत्र तुम्हारी इस वत्सला की इच्छापूर्ति लेकर आया है।

(दर्शकों की ओर देखकर घोषणा करते स्वर में) मालवगणनायक चन्द्रगुप्त विक्रमादित्य की राजसभा का यह नवरत्न वराह मिहिर आज इस बालिका खना को ज्योतिषशास्त्र में दीक्षित करने का वचन देता है।

सुबन्धु भट्ट : *(नत होकर आर्द्र स्वर में)* कल्पना में भी न सोचा था कि इस अबोध बालिका का स्वप्न में देखा गया स्वप्न इस प्रकार साकार होगा। आपकी हमारे समस्त परिवार पर अनुकम्पा है। आजीवन ऋणी रहूँगा, गुरुवर।

वराह मिहिर : *(सुबन्धु भट्ट से कुछ धीमे स्वर में)* यह नक्षत्रों की पूर्व निर्धारित नियति है सुबन्धु भट्ट। लगता है आज यहाँ आने का यही प्रयोजन रहा होगा। अब निकलता हूँ।

(वराह मिहिर तेज़ कदमों से प्रस्थान करते हैं। सुबन्धु भट्ट खना की ओर बढ़ते हैं। स्नेह से उसके कन्धे पर हाथ रखते हैं।)

खना : *(द्रवित स्वर में)* बन्धु काका...क्या यह सच है?

सुबन्धु भट्ट : *(दूरवीक्षक की ओर संकेत करके)* जा आकाश से पूछ ले!

(दोनों हँसते हैं और दूसरी ओर प्रस्थान करते हैं।)

दृश्य : तीन

[सुबन्धु भट्ट और खना के प्रस्थान के साथ दृश्य—दो भी विदा होता है। अब मंच पर मेधा और माँ हैं जिनके संवाद दृश्य—तीन का सूत्रपात करते हैं।]

मेधा : फिर वराह मिहिर ने खना को ज्योतिष की शिक्षा दी?

माँ : *(चलते-चलते रुककर)* हाँ, खना बहुत प्रसिद्ध भविष्यवक्ता बनी। उसके जीवन का लक्ष्य एकाग्र अध्ययन ही था जिसमें उसे सफलता मिली पर...

मेधा : *(रुककर)* पर?

माँ : उसके ज्ञान...उसकी प्रसिद्धि को वे लोग कहाँ पचा पाये जो हमेशा से उस दुनिया को हथियाये बैठे थे!

मेधा : क्या?

माँ : हाँ, एक स्त्री और भविष्यवक्ता! सोचो कितनी मेहनत की होगी उसने...कोई किसी को घोलकर तो पिला नहीं सकता कोई शास्त्र...पर उन लोगों ने खना की इस कड़ी मेहनत को एक स्वांग में बदल दिया!

मेधा : क्या मतलब?

माँ : हाँ...बिलकुल...कहा गया कि खना ने वराह मिहिर द्वारा तैयार किया गया ज्योतिष्मति तैल पी लिया था!

मेधा : तैल! तैल यू मीन सम सॉर्ट ऑफ टॉनिक!

माँ : चलो, मान लिया टॉनिक...पर क्या सिर्फ टॉनिक पीकर तुम गोल्ड मैडल ला सकती थीं?

मेधा : *(हँसते हुए)* तुम मेरे गोल्ड मैडल को छोड़ो...ये बताओ फिर हुआ क्या?

माँ : *(चलने लगती है)* होना तो कुछ और ही था...ऐसा जो...कम से कम खना ने तो कभी नहीं सोचा था।

मेधा : *(पीछे-पीछे तेज़ कदमों से चलते हुए)* क्या?

माँ : वराह मिहिर का पुत्र पृथुयशस, जो खुद भी बहुत बड़ा विद्वान था और बाद में प्रसिद्ध ज्योतिषाचार्य हुआ, खना पर आसक्त हो गया!

मेधा : *(हँसते हुए)* क्या!

माँ : वराह मिहिर ने बहुत समझाया पर...

मेधा : पर क्या?

(मेधा रुकती है तो माँ भी खड़ी हो जाती है।)

माँ : *(तिरछी दृष्टि मेधा पर डालकर मुस्कराते हुए)* ऐसे में समझ आता है क्या कुछ? भूल गयीं एम.ए. प्रीवियस में जब तुम भी...कितना समझाया था पर...

मेधा : ममा, तुम अब ये सब...

माँ : हिश्श्श...

(मुँह पर उँगली रख इशारा करती है कि मंच का दृश्य देखो। दोनों दूसरी ओर देखते हैं जहाँ से तेज़ कदमों से चले आ रहे आचार्य वराह मिहिर के पीछे-पीछे पृथुयशस आ रहा है। दोनों उनके लिए मानो स्थान छोड़ एक ओर हो जाती हैं।)

वराह मिहिर : *(तेज़ कदमों से चलते हुए)* नहीं-नहीं...ऐसा कैसे हो सकता है!

पृथुयशस : क्यों नहीं हो सकता?

वराह मिहिर : खना मेरी शिष्या है...फिर वह सुबन्धु भट्ट की भतीजी है...वह सुबन्धु भट्ट जो मेरे लिए पुत्र के समान है।

पृथुयशस : यह तो उत्तम स्थिति हुई।

वराह मिहिर : परन्तु...पुत्र पृथुयशस, तुम्हें तो अगले माह...मेरा अर्थ था कि मालवगणनायक विक्रमादित्य की इच्छानुसार तुम्हें शीघ्र उज्जयिनी से प्रस्थान करना है। तुम्हारा ध्येय उनकी आज्ञा का पालन करते हुए एक नयी वेधशाला के लिए वास्तु के अनुरूप स्थान का चयन होना चाहिए।

पृथुयशस : *(सँभले स्वर में बात की पुष्टि-सी करते हुए)* मेरा ध्येय वह है...अपितु वही है...उसमें विवाह कोई बाधा नहीं बनेगा।

वराह मिहिर : तुम इस नगरी से जा रहे हो। जाने कितने मास बाद लौटो...ऐसे में यही उचित होगा कि विवाह की चर्चा तुम्हारे लौटने के उपरान्त हो।

पृथुयशस : *(स्वर में हल्का दुःख)* पिताश्री, यह अन्तर है...यही अन्तर है साधारण और असाधारण का!

वराह मिहिर : अन्तर?

(मेधा और माँ अब तक वहीं खड़ी होकर वराह मिहिर व पृथुयशस का वार्तालाप सुन रही थीं। अब माँ मेधा को चलने का संकेत करती है तो दोनों मंच से प्रस्थान करती हैं।)

पृथुयशस : हाँ...यदि मैंने साधारण कुल में जन्म लिया होता तो मेरे माता-पिता हठ कर रहे होते कि पहले विवाह करो उसके पश्चात् नगर से दूर जाओ और यहाँ मैं हूँ कि...

वराह मिहिर : तर्क अच्छा कर लेते हो...लगता है न्यायशास्त्री क्षपणक का प्रभाव है यह!

पृथुयशस : *(स्वर में उद्विग्नता)* मैं समझ नहीं पा रहा हूँ... इस विवाह में क्या आपको कोई सैद्धान्तिक आपत्ति है?

वराह मिहिर : सैद्धान्तिक आपत्ति मुझे क्या हो सकती है! तुम स्वयं विद्वान हो...पर इतना समझ पा रहा हूँ कि कन्या के ग्रह अधिक प्रबल हैं...तुम ज्योतिष में एक परम्परावादी लीक पर चल रहे हो...

पृथुयशस : जानता हूँ...और यह भी कि आपके विचार उदार हैं...पर मैं अभी ज्योतिष की नहीं, विवाह की चर्चा...

वराह मिहिर : *(स्वर में हल्का गुस्सा)* अबोध हो...मूल्य और विचार व्यक्तित्व के अंग होते हैं...क्या ज्योतिष में परम्परावादी होकर गृहस्थ में उदार हो सकोगे?

पृथुयशस : गृहस्थ शास्त्रार्थ नहीं है।

वराह मिहिर : *(पृथुयशस की आँखों में देखते हुए)* गृहस्थ शास्त्रार्थ न भी सही परन्तु...तुम दोनों एक ही मार्ग के पथिक हो। उसे उसी मार्ग पर अपने से आगे निकलता देखने का...साहस जुटा पाओगे? जानते हो उसके ग्रह...

पृथुयशस : *(विनम्र स्वर में)* आपकी कृपा से अपने सामर्थ्य पर विश्वास है मुझे। यदि दोनों की रुचियाँ, दोनों का मार्ग एक हो तो गृहस्थ में सजीवता बनी रहती है...गृहस्थ की नयी दिशाएँ खुलने लगती हैं।

वराह मिहिर : *(पृथुयशस को ताड़ते हुए)* वास्तव में समझ नहीं पा रहे हो कि मैं क्या कह रहा हूँ या समझना नहीं चाहते?

पृथुयशस : *(झल्लाकर)* पिताश्री आप...

वराह मिहिर : पुत्र, समय अनुकूल न हो तो प्रखर से प्रखर बुध भी तर्क के स्थान पर कुतर्क को बढ़ावा देता है। यह तो न भूले होगे कि तुम्हारी शुक्र की दशा चल रही है। शुक्र...जिसे एकाक्षी भी कहा जाता है...कौवे की भाँति अवश, जो एक बार में केवल एक ही ओर देख सकता है...जैसे आजकल तुम देख रहे हो।

पृथुयशस : *(स्वयं को संयत करते हुए)* पर आप तो स्वयं खना से इतने प्रभावित हैं...पहली बार कोई शिष्या घर की देहरी में प्रवेश कर पायी है।

वराह मिहिर : हाँ, परन्तु शिष्या के रूप में...सोचता हूँ पुत्रवधू के रूप में आयी तो...

पृथुयशस : *(चहककर)* तो कुछ नहीं...आप ही कहते हैं हम सब ग्रह-गृहीत हैं...तो इतना सोचना क्या!

वराह मिहिर : *(ठहरकर देखते हुए)* अर्थात् तुम संकल्प कर चुके हो... *(कुछ क्षण रुककर विचार करते हैं।)*
यह तुम्हारा एकल संकल्प है या इसमें खना की भी सहमति है?

पृथुयशस : *(कुछ डूबकर)* कह नहीं सकता।

वराह मिहिर : अर्थात्?

पृथुयशस : इस सम्बन्ध में कोई चर्चा नहीं हुई है उससे कभी।

वराह मिहिर : तो कैसे?

पृथुयशस : कुलीन परिवारों की कन्याओं के लिए सम्बन्धों का प्रस्ताव तो अभिभावक करते हैं। हम सूर्यवंशी हैं...मिहिर कुल है...हमारी मर्यादा है...मेरा तात्पर्य था कि *(स्वर में कोमलता आती है)* यह तो आपका अधिकार है...मैं कैसे हस्तक्षेप कर...

वराह मिहिर : *(गुस्से को नियन्त्रित करते हुए)* समझ रहा हूँ...सब समझ रहा हूँ...

पृथुयशस : आप जानते हैं आगामी माह के अन्त में मुझे प्रस्थान करना है...समय अधिक नहीं है।

वराह मिहिर : इतना शीघ्र तो मुहूर्त भी नहीं निकल पाएगा।

पृथुयशस : मुहूर्त शास्त्र में ऐसा दक्ष पिता जिसके भाग्य में हो, उसके लिए इन प्रश्नों पर विचार करना क्यों आवश्यक है!

(वराह मिहिर पलटकर देखते हैं परन्तु कुछ कहते नहीं।)

अर्थात् मैं निश्चिन्त रहूँ...

वराह मिहिर : *(हल्के व्यंग्य के साथ)* निस्सन्देह ...चिन्ता तो अब मेरी हुई!

दृश्य : चार

[सुबन्धु भट्ट का घर। कुछ नक्काशी किये हुए लकड़ी के स्तम्भ। काष्ठ-द्वार पर लोहे की मोटी साँकल लगी है। कक्ष में कुछ पोथियाँ बिखरी हुई हैं। एक-दो पुस्तकें अधखुली छूट गयी-सी रखी हैं। चिन्तित सुबन्धु भट्ट मंच पर उद्विग्न-से होकर यहाँ से वहाँ आ-जा रहे हैं। खना हाथ में एक पात्र लेकर प्रवेश करती है।]

खना : सत्त्व है...पीजिए न...
(सुबन्धु भट्ट को कुछ क्षण इस प्रकार अपने में खोया-सा देखकर) आप तो हर समय साहित्य रस में ही डूबे रहते हैं।

सुबन्धु भट्ट : *(हल्का-सा चौंकते हुए)* रख दो।
(फिर विचारों में खो-से जाते हैं।)

खना : रखा न रह जाए...पहले पी ही लीजिए नहीं तो विकार करेगा। *(जाने लगती है।)*

सुबन्धु भट्ट : तनिक बैठो।
(खना उन्हें पलटकर देखती है। मानो कुछ समझना चाह रही हो।)

खना : *(विचारमग्न-सी धीमे स्वर में)* रसोई बिखरी है...सहेज लूँ।

सुबन्धु भट्ट : *(स्वर में एक निश्चय का भाव)* नहीं, बैठो...अब तुम्हीं से चर्चा करनी होगी।

खना : आप उद्विग्न हैं...क्यों?

सुबन्धु भट्ट : *(दूर कहीं अतीत में खोते हुए)* आज स्वर्गीय भ्राता होते...तो सम्भवतः...सम्भवतः इस स्थिति में न होता।

खना : *(स्वर में भीतर का डर)* कैसी स्थिति!

सुबन्धु भट्ट : *(अपने आप में खोये हुए)* उधर भाभी को कितना कठिनाई से समझा-बुझाकर तुम्हें यहाँ उज्जयिनी लाया हूँ। तुम्हारा मार्गदर्शन अब मेरा दायित्व भी है और कर्तव्य भी...*(खना की ओर देखकर)* निस्सन्देह हार्दिक कामना भी...उस पर...

खना : उस पर क्या?

सुबन्धु भट्ट : उस पर तुम्हारा *(उड़ती-सी दृष्टि खना पर डालकर)* असाधारण व्यक्तित्व!

खना : *(अचकचाकर)* मुझसे कोई भूल हुई क्या?

सुबन्धु भट्ट : तुमसे भूल नहीं हुई। परन्तु...चिन्तित हूँ कहीं मुझसे कोई भूल न हो जाए!

(पास आकर खना को कन्धों से पकड़कर बैठा देते हैं।)

खना : *(घबराकर)* बन्धु काका, कुछ स्पष्ट कीजिए न!

सुबन्धु भट्ट : तुम्हारे जीवन के निर्णय सब मुझ पर छोड़ दिये गये हैं।

खना : तो?

सुबन्धु भट्ट : विवाह से अधिक दायित्व भरा और दूर तक साथ चलनेवाला निर्णय कोई नहीं होता।

खना : *(चौंककर)* विवाह! परन्तु...

(खड़ी हो जाती है।)

सुबन्धु भट्ट : आचार्य वराह मिहिर ने अपने यशस्वी पुत्र पृथुयशस के लिए विवाह का प्रस्ताव भेजा है।

खना : *(और अधिक चौंककर)* आचार्य वराह मिहिर! *(कुछ पल मंच पर सन्नाटा रहता है फिर खना विचारमग्न धीमी आवाज़ में दोहराने के अन्दाज में)* विवाह!

सुबन्धु भट्ट : *(उसके चौंकने और विचारमग्न हो जाने से आशंकित होकर)* इसमें आश्चर्य क्या है? विवाह तो करोगी ही।

खना : *(परास्त भाव से)* परन्तु मैं तो उज्जयिनी एक निश्चित ध्येय लेकर आयी थी।

(विचारमग्न हो दो कदम आगे बढ़ती है, फिर दो कदम पीछे। अचानक पलटती है। सुबन्धु भट्ट उसे देख रहे हैं और उसके मन के ऊहापोह को समझने का प्रयत्न कर रहे हैं। खना स्वर को सँभालकर)

वह स्वप्न साकार हुआ। आचार्य ने मुझे शिष्या के रूप में स्वीकार किया।

सुबन्धु भट्ट : हाँ, वही आचार्य अब तुम्हें पुत्रवधू बनाना चाहते हैं।

खना : *(डूबते स्वर में)* और मेरा अध्ययन? वह सब यूँ ही अधूरा छूट जाएगा? आप ऐसा होने देंगे?

(सुबन्धु भट्ट के ठीक सामने आकर दृढ़ स्वर में) आपको यह स्वीकार होगा?

सुबन्धु भट्ट : *(सामने से हटते हुए)* मैं...मैं कदाचित् इसीलिए इतना व्यग्र हूँ। सबका विरोध सहकर तुम्हें ज्योतिष की उच्च शिक्षा दिलवाने के लिए यहाँ...उज्जयिनी लाया था। नहीं जानता था कि दृश्य-विधान इतनी गति से, इतना शीघ्र बदल जाएगा।

(सुबन्धु भट्ट को स्थितियों के समक्ष यूँ अवश पाकर खना कुछ उद्विग्न-सी हो जाती है।)

खना : *(उत्तेजित स्वर में)* पर काका, इतनी शीघ्रता क्यों?

सुबन्धु भट्ट : वह भी एक समस्या है। वर शीघ्र विवाह करने के लिए अत्यन्त व्याकुल है...

खना : *(अधीरता से)* परन्तु न कहना तो आपके हाथ में है।

सुबन्धु भट्ट : वह तो सबसे सरल है। परन्तु जब विवाह करना ही है तो इससे अच्छा प्रस्ताव भला...

खना : *(बात को काटते हुए दृढ़ स्वर में)* क्या विवाह अनिवार्य है?

सुबन्धु भट्ट : *(कुछ पल ठहरकर सोचते हैं)* अनिवार्य न सही, आवश्यक तो है ही।

खना : *(स्वर में विकलता परन्तु कोमल भाव)* बन्धु काका, आप मेरे प्रिय काका तो हैं ही, मेरे बन्धु भी हैं। एक प्रश्न पूछूँ?

(सुबन्धु भट्ट ठहरकर उसे देखते हैं तो खना बात आगे बढ़ाती है।)

काकी के देहान्त के बाद...मेरा अर्थ था कि उनका साथ कुछ महीनों का ही था। दोबारा वैसे क्यों नहीं सोचा?

सुबन्धु भट्ट : तुम्हारी काकी इस घर में इतना बस गयी थी कि इसे किसी अन्य के साथ बसाने की इच्छा नहीं हुई।

(भावना में बहकर) वह मेरी पोथी-पत्रों को ऐसा सहेज गयी है कि अब शेष जीवन उन्हीं के सहारे कट जाएगा।

(सँभलकर) परन्तु यह संसार...यह संसार पुरुषों का संसार है...

खना : जो ज्ञानमार्ग मैंने चुना है उसमें स्त्री-पुरुष का भेद हो ही क्यों?

सुबन्धु भट्ट : भेद व्यक्तित्व में नहीं, दृष्टि में है। यह समाज तुम्हें व्यक्ति के रूप में देखे या युवती के रूप में, इसका निर्णय तुम कभी नहीं कर पाओगी।

खना : *(दुःख के साथ)* तो क्या आचार्य ने मुझे एक वधू के रूप में ही देखा!

सुबन्धु भट्ट : नहीं, मैं ऐसा नहीं समझता...वे पहले तुम्हारे वैदुष्य से प्रभावित हुए हैं। *(फिर मुस्कराकर)* उनके पुत्र पृथुयशस के विषय में मैं निश्चित रूप से कुछ नहीं कह सकता।

(कुछ क्षण सोचते हैं फिर एक-एक शब्द पर रुकते हुए) इधर तीन-चार बार उसका घर आना मुझे आकस्मिक नहीं लगा था।

खना : परन्तु आपने मुझसे तो कुछ नहीं कहा!

सुबन्धु भट्ट : *(बैठते हुए)* इतना तत्काल ऐसी बातों पर कहाँ ध्यान दे पाता हूँ...मन में कहाँ ठहर पाती हैं ऐसी बातें...तुम मुझे जानती तो हो।

खना : *(स्वर में असहाय भाव और दुःख)* तो भी आप इसी पक्ष में हैं कि मैं अध्ययन छोड़कर यह बन्धन स्वीकार कर लूँ...विवाह कर लूँ?

सुबन्धु भट्ट : *(स्वर में आर्द्रता)* इस तरह क्यों सोच रही हो। समझने की चेष्टा करो। तुम ज्ञान की गंगोत्री में जाओगी...मैं आचार्य को...उनके परिवार को जानता हूँ। उनके कुल में शिक्षित नारियों का अभाव नहीं है। वहाँ उनका सम्मान भी है। तुम्हारा अध्ययन, तुम्हारी अभिरुचि वहाँ जाकर मुरझाएगी नहीं।

खना : यदि इस प्रसंग को स्थगित कर दिया जाए तो?

सुबन्धु भट्ट : स्थगित करना प्रश्न का उत्तर नहीं होता। इस प्रकार हम बातों को उलझा अधिक देते हैं। *(स्वर में दृढ़ता उभरती है)* आज जब तुमसे यह चर्चा कर ही रहा हूँ तो सुन लो और जान लो कि ऐसा अवसर पुनः न आएगा।

खना : *(धीमे स्वर में मानो स्वयं को समझा रही हो)* सम्भवतः आप ठीक कहते हैं।

सुबन्धु भट्ट : निश्चित रूप से कहो...पूरे मन से।

(खना पलटकर देखती है। कुछ क्षण दोनों एक-दूसरे को देखते हैं।)

तुम नहीं जानतीं दायित्वों का एक पर्वत मेरे सामने खड़ा है। सबसे पहले तो गाँव जाकर भाभी को लाना है। न जाने कितने आयोजन...कितने प्रबन्ध...यह सब अकेले कैसे हो पाएगा!

(स्वगत, हल्की उदासी के साथ) ऐसे क्षणों में अकेला होना बोझ बन जाता है!

(सुबन्धु भट्ट प्रस्थान करते हैं। खना एकाग्र चित्त से उन्हें जाता देख रही है। वह मंच के बीच में है।)

खना : *(सुदृढ़ और निर्णय लेते स्वर में)* विवाह! हाँ, विवाह!

(मूर्तिवत् हो जाती है।)

दृश्य : पाँच

[खना मंच पर मूर्तिवत् खड़ी है। तभी माँ और मेधा का प्रवेश। पार्श्व में मंगलसूचक संगीत के स्वर उभरते हैं। माँ एक चुनरी लेकर आती है और खना को उढ़ाती है। मेधा दूर खड़ी देख रही है। माँ एक बिन्दी खना के माथे पर लगाती है। फिर उसे प्यार-भरी दृष्टि से निहारती है। खना सकुचाती है। मेधा उन दोनों को देख प्रसन्न व कुछ-कुछ अचम्भित है। प्रसन्न मुद्रा में माँ मेधा के पास वापस आती है। दोनों खुश हो खना को दूर से देखते हैं।

सामने से पृथुयशस का प्रवेश। वह हाथ बढ़ाकर खना का हाथ हाथों में लेता है। विवाह संस्कार को प्रतीकात्मक रूप में दिखाने के लिए वर अर्थात् पृथुयशस एक संस्कृत के श्लोक का सस्वर पाठ करता है। यह श्लोक वर और वधू के पारस्परिक प्रेम के गठबन्धन का प्रतीक मन्त्र है जिसे समंजन कहा जाता है।]

पृथुयशस : ॐ समञ्जन्तु विश्वेदेवाः समापो हृदयानि नौ।
सम्मातरिश्वा सं धाता समु देष्ट्री दधातु नौ॥

(पारस्करगृह्य सूत्र 1.4.14)

(पृथुयशंस खना का हाथ थामे श्लोक का पाठ करते हुए उसे कमर से पकड़कर मंच पर चक्कर-सा लगाता है। माँ मेधा को शैतानी-भरे भाव से वहाँ से खिसक चलने को कहती है जिससे खना और पृथुयशस के बीच कोई बाधा न रहे। दोनों उन्हें निहारते हुए प्रस्थान करते हैं। पृथुयशस और खना मंच के मध्य में ईश्वर के प्रति नमस्कार की मुद्रा ग्रहण करते हैं और उन पर पुष्प-वर्षा

होती है। उनकी इस मुद्रा के समय पार्श्व से विवाह की पुष्टि करता एक मन्त्रोच्चारण होता है। यह श्लोक वर व वधू के सौभाग्य, सुख, समृद्धि व उत्तम स्वास्थ्य का आशीर्वचन है—

ॐ आपः शिवाः शिवतमाः शान्ताः शान्ततमास्तास्ते कृण्वन्तु भेषजम्। (पारस्करगृह्य सूत्र 1.8.5)

तत्पश्चात् पृथुयशस खना को बाँह से घेरकर कहीं बीच में लाकर बैठा देता है।)

पृथुयशस : *(प्रसन्नता छलकाते कोमल स्वर)* तुम्हें जीवन-संगिनी के रूप में इस प्रकार देखकर एकाएक विश्वास नहीं होता!

खना : *(स्वयं पर गर्व करती आवाज़)* मन:संगिनी भी बन पाऊँ ऐसी कामना है!

पृथुयशस : जब से तुम्हें देखा है, एक अद्‌भुत आकर्षण से घिरता चला गया हूँ...आकर्षण के ये भँवर भी बस...जब घेर लेते हैं तो उबरने का अवसर नहीं देते।

खना : *(खड़ी होते हुए)* परन्तु आप तो...

पृथुयशस : *(स्मृतियों में खोते हुए)* कैसे भूल सकता हूँ वह दृश्य जब तुम पिताश्री की अध्ययनशाला में बैठी गणना की कोई गुत्थी सुलझा रही थीं...मैं न जाने कितने क्षणों तक दीर्घा में खड़ा तुम्हें निहारता रहा परन्तु तुम अपनी गणना में ऐसी खोयी थीं कि जैसे वह कक्ष, वहाँ खड़ा मैं तुम्हारे लिए कोई अस्तित्व ही नहीं रखते थे। मैंने ठहरकर देखा था...तुम गणना में विलीन थीं। गणना के बाद तुम्हारी आँखों में जो स्मिति की आभा देखी थी उसे...उसे कोई कैसे भुला सकता है!

खना : *(कुछ घबराकर कुछ सकुचाते हुए)* आप वहाँ क्या...

पृथुयशस : *(अपनी स्मृतियों में डूबा हुआ-सा)* और वह एक दिन...जब तुम्हारे सुबन्धु काका के घर गया था...तुम रसोई में थीं...क्षीरपाक बना रही थीं...नैवेद्य के रूप में वह क्षीरपाक लिये जब तुम सामने आयी थीं...ओह...*(पास आता है)* स्वेदकण तुम्हारे ललाट पर ओस की बूँदों की भाँति चमक रहे थे। *(खना के गालों को छूकर)* अंगारों की ऊष्मा से तुम्हारे कपोल दमक रहे थे। परन्तु दृष्टि में जो शीतलता थी क्या उसे कभी भुलाया जा

सकता है!

खना : *(काँपते स्वर में)* ऐसा कब हुआ?

पृथुयशस : *(खना को स्नेहबन्धन से घेरते हुए)* यह मेरी स्मृतियों की धरोहर है तुम कैसे जान पातीं तब!

(खना स्वयं को हौले से अलग कर दो कदम आगे बढ़ती है।)

खना : अद्भुत संयोग है...विश्वास नहीं होता...आपसे चर्चा तो हुई थी दो-एक बार ज्योतिष पर...परन्तु कल्पना भी नहीं की थी कि आप मेरे विषय में इस प्रकार का भाव रखते हैं।

पृथुयशस : *(विनोद से)* क्यों, क्या मैं इतना शुष्क...नीरस प्रतीत होता हूँ?

खना : *(विचारों में डूबी हुई)* एक अनजाना भय था मेरे मन में ...जिन आचार्य वराह मिहिर के दर्शन के सपने सँजोया करती थी आज श्वसुर के रूप में उन्हीं के चरणस्पर्श करते हुए अद्भुत अनुभूति हुई! बहुत अद्भुत...न जाने क्या था उसमें—थोड़ा गर्व, थोड़ा भय...न जाने क्या था वह! इतने विद्वान कुल में स्वयं को पाकर चकित हूँ!

पृथुयशस : कैसी बात करती हो...तुम जैसी विदुषी...कभी-कभी तो समझ नहीं पाता हूँ कि मुखमण्डल की यह द्युति सौन्दर्य की है या वैदुष्य की! परन्तु साथ ही कुछ सोचकर उदास हो ज़ाता हूँ...

खना : *(आश्चर्य से)* उदास! किस विचार से?

पृथुयशस : सोचता हूँ कि विवाह की शीघ्रता कहीं तुम पर अन्याय तो नहीं?

खना : समझी नहीं!

पृथुयशस : अगले मास मुझे नगर छोड़ना होगा।

खना : जानती हूँ। वह तो राजाज्ञा है।

पृथुयशस : हाँ, विवाह के बाद भी तुम्हारे साथ कितना कम समय व्यतीत कर पाऊँगा...समय की सीमा तो निर्धारित है। क्षणों की संख्या तो बढ़ा नहीं सकता!

खना : *(स्वयं में खोकर)* समय के क्षणों को हम क्या बढ़ाएँगे! इस जीवन में उसे समझ पाएँ यही बहुत है। *(गम्भीर होकर)* परन्तु स्वामी, आप एक महान उद्देश्य के लिए जा रहे हैं, यह मेरे लिए गर्व का विषय है।

पृथुयशस : जानता हूँ...यदि भलीभाँति सम्पन्न हो जाए तो यह एक महान

कार्य होगा। चरणाद्रि में एक आधुनिक वेधशाला का निर्माण हमारे महाराज के लिए एक कीर्ति-स्तम्भ होगा। वैसे भी काल और ग्रह-नक्षत्रों के अध्ययन के लिए जितनी भी वेधशालाएँ बन पाएँ अच्छा है।

खना : सुना है, वे आपको बन्धुवत् स्नेह देते हैं। तभी तो इतने ज्योतिषियों में से इस कार्य के लिए आपका चयन हुआ।

पृथुयशस : हाँ, वह तो है ही परन्तु...

खना : परन्तु?

पृथुयशस : इस कार्य के साथ ही एक अन्य दायित्व भी है जो मुझे सौंपा गया है। कभी-कभी लगता है सम्भवत: वही प्राथमिकता है और यह वेधशाला मात्र एक छद्म है।

खना : कैसी बात कर रहे हैं आप!

पृथुयशस : सच कहता हूँ खना...अपनी यह शंका मैंने कभी किसी के सामने प्रकट नहीं की है। इस पर कभी पिताश्री से भी चर्चा नहीं हुई परन्तु...

खना : *(धैर्य मानो छूटा जा रहा हो)* स्पष्ट कहिए न!

पृथुयशस : *(गम्भीर स्वर में)* दूतों का समाचार है कि वहीं किसी गाँव में मालवगणनायक के छोटे भाई और पूर्व मालवगणनायक भर्तृहरि ठहरे हुए हैं। उनसे लौट आने का आग्रह करना है और यदि वे न मानें तो उनके लिए वहीं कुछ सुविधाएँ उपलब्ध कराना भी मेरे इस अभियान का एक दायित्व है।

खना : सुना तो अवश्य है परन्तु समझ नहीं पायी हूँ कि महाराज भर्तृहरि ने राजपाट छोड़कर संन्यास क्यों ले लिया।

पृथुयशस : वे अपनी रानी पिंगला से अत्यधिक प्रेम करते थे। परन्तु जिस दिन उन्हें यह ज्ञात हुआ कि वह उन्हें नहीं किसी और को प्रेम करती है...उन्हें संसार से विरक्ति हो गयी।

खना : *(दु:ख के साथ)* आह!

पृथुयशस : तुम भी साथ चल पातीं तो कितना अच्छा रहता! पर वह कहाँ सम्भव हो पाएगा!

खना : आप चिन्ता न करें...कार्य सम्पन्न कर आप सकुशल शीघ्र लौटेंगे...यहाँ परिवार में गुरुवर की सेवा मेरा सौभाग्य होगा।

पृथुयशस : तुम भूल रही हो, वे अब गुरुवर ही नहीं, पिताश्री भी हैं। बल्कि

पिताश्री पहले हैं।

खना : *(अपने को तैयार करते हुए)* सच तो है...हाँ पिताश्री।

पृथुयशस : *(आश्चर्यमिश्रित दुःख के साथ)* अब तुम कहाँ खो गयीं...कैसा संयोग है यह जो वियोग की छाया से घिरा हुआ है!

खना : *(पृथुयशस को दुःख से उबारने का प्रयत्न करते हुए)* संयोग तभी पूर्ण होता है जब वियोग भी हो। वियोग में संयोग की प्रतिध्वनि ही गूँजती है...अनुगूँज बनकर!

पृथुयशस : *(विनोद के साथ)* तुम कैसे जानती हो?

खना : *(गम्भीर स्वर में)* यौगिक क्रियाओं को हम देखें तो प्रत्येक मुद्रा में क्रिया की प्रतिक्रिया अवश्य है। जितना आगे की ओर झुका जाए उतना ही पीछे की ओर झुके बिना योग की मुद्रा पूर्ण नहीं होती।

पृथुयशस : *(विनोद कुछ और बढ़ जाता है)* देखता हूँ कि इस ज्योतिष्मती को यौगिक मुद्राओं में भी रुचि है।

(पृथुयशस की बाँहें खना को घेरने लगती हैं तो अचानक खना योग पर दिया जा रहा वक्तव्य भूलकर चेतती है और पृथुयशस की बात का निहितार्थ व उसका मन्तव्य समझ जाती है। वह दो कदम पीछे हटती है।)

देखें तो हमारी योगिनी को संयोग की मुद्राओं का कितना ज्ञान है!

(खना को बाँह से पकड़ अपने निकट ले आता है। बहुत निकट। उसका चिबुक पकड़कर मुख ऊपर उठाता है।)

आह! ज्ञान से ढँका यह अक्षत सौन्दर्य!

(खना की आँखें मुँद जाती हैं। वह अपने चिबुक से पृथुयशस का हाथ हटाकर कुछ पीछे हटती है तो पृथुयशस उसे अपने हृदय के निकट ले आता है।)

ये तुम्हारी अबोध साँसें जता रही हैं कि...

(खना सकुचा जाती है। स्वयं को कुछ दूर करती है। पृथुयशस उसे जाने से रोकना चाहता है, अतः उसकी बाँह थाम लेता है।)

इतनी दीर्घ तपस्या का प्रसाद नहीं दोगी देवि...

(खना का प्रतिरोध कहीं घुलने लगता है। वह एक आकर्षण में बँधी-सी पृथुयशस की ओर खिंची चली आती है। पृथुयशस उसे कमर से घेर लेता है। दूसरे हाथ में उसका हाथ थामता है और भीतर चलने का संकेत करता है।)

इन श्वासों से एकतान होने के लिए ये प्राण न जाने कब से आकुल हैं!

(दोनों एक-दूसरे के सम्मोहन में बँधे परस्पर प्रेमपूर्ण दृष्टिपात करते हुए मंच से साथ-साथ प्रस्थान करते हैं।)

दृश्य : छह

[मालवगणपति चन्द्रगुप्त विक्रमादित्य की राजसभा का कक्ष। राजसभा का यह कक्ष तत्कालीन समृद्धि को दर्शा रहा है। उनके नवरत्नों की सभा का समय है। सभाकक्ष में रत्नवर क्षपणक बैठे अन्य नवरत्नों की प्रतीक्षा कर रहे हैं। तभी नवरत्नों में से एक रत्न वररुचि का प्रवेश।]

क्षपणक : *(स्वर में उत्साह)* आइए शास्त्रज्ञ वररुचि। लगता है आजकल प्राकृत में किसी अन्य ग्रन्थ की रचना में व्यस्त हैं...प्रातः क्षिप्रातट पर आपसे भेंट नहीं हुई।

वररुचि : *(मुस्कराकर)* हाँ, न्यायविद् क्षपणक, कभी-कभी ऐसा भी होता है।

क्षपणक : ऐसा कैसा?

वररुचि : *(विनोद से)* यही कि जाएँ परन्तु भेंट न हो!

क्षपणक : *(हँसकर)* बात को टाल रहे हैं रत्नवर...लगता है किसी गुप्त साधना में व्यस्त थे!

(एक और रत्न घटखर्पर का प्रवेश।)

घटखर्पर : *(स्वगत)* मैं व्यर्थ चिन्तित था। यहाँ तो सभा में गणपूर्ति भी नहीं हुई। *(सस्वर)* मालवगणपति विक्रमादित्य के रत्न-द्वय को घटखर्पर का अभिवादन।

वररुचि : *(उत्साहित होकर)* आइए रत्नवर घटखर्पर। आपके आने से सभा में प्राणों का संचार हो जाता है।

क्षपणक : *(वररुचि पर कटाक्ष करते हुए)* अन्यथा यहाँ तो रहस्य की छाया-सी बनी हुई थी।

घटखर्पर : *(वररुचि से)* उज्जयिनी के प्राण-रक्षक तो रत्नवर धन्वन्तरि हैं...यह आक्षेप मुझ पर क्यों?

वररुचि : *(क्षपणक के कटाक्ष को समझकर सँभलते हुए घटखर्पर से)* सजीव प्राणों को निष्प्राण होने से बचाती है कविता...और उस कविता पर तो आपका अधिकार है।

घटखर्पर : अधिकार भले ही सही, एकाधिकार तो नहीं। *(क्षपणक की ओर उन्मुख होकर अभिनय-सा करते हुए)* हे न्यायविद् क्षपणक, न्याय करें! आज लोकमानस में तो महाकवि कालिदास बसे हैं...वे कहीं भी हों उज्जयिनी या कश्मीर...मंच के मध्य में वही होते हैं। एकाधिकार तो...

क्षपणक : *(मुस्कराते हुए)* आज आपने बड़ी शीघ्र पराजय स्वीकार ली। *(स्वर में नाटकीयता)* मैं उसी घटखर्पर से सम्बोधित हूँ न, जिसने केवल एक यमक अलंकार के बल पर पूरा महाग्रन्थ रचा था और चुनौती दी थी कि यदि कोई इस प्रकार का ग्रन्थ लिखकर दिखा दे तो आप अपने घर से उसके घर तक टूटे घड़े में पानी भरेंगे।

घटखर्पर : *(स्वर में हल्की उदासी)* इन बातों में कुछ नहीं रखा। सफलता की कसौटी है यश और यश भाग्य से मिलता है।

वररुचि : *(घटर्खपर की उदासी को सँभालने का प्रयास करते हुए)* परन्तु आप...

घटखर्पर : *(गम्भीर होकर)* वह सब व्यतीत हो चुका है। अब मैं यथार्थ और कल्पना के द्वन्द्व की खाई से बाहर आ चुका हूँ। राष्ट्र को आज वैज्ञानिक सूझ-बूझ व आविष्कारों की भी उतनी ही आवश्यकता है।

वररुचि : उसमें भी आप कौन-से पीछे हैं। राष्ट्रभर के वैज्ञानिक आविष्कार आप ही की देख-रेख में होते हैं। सुना है आपके यहाँ घड़ों में जसद का संग्रह निरन्तर बढ़ता जा रहा है। *(हँसकर)* रत्नवर घटखर्पर...ये घटों...घड़ों से आपका विशेष प्रेम...

(रत्नवर धन्वन्तरि का प्रवेश।)

क्षपणक : लीजिए आयुर्वेद के उद्भट विद्वान, ज्ञाता रत्नवर धन्वन्तरि भी आ गये। स्वास्थ्य के इस प्रतीक से ही पूछा जाए कि स्वास्थ्य के लिए यथार्थ अधिक लाभप्रद है अथवा कल्पना।

धन्वन्तरि : आज क्या मालवगणपति के विलम्ब से आने का समाचार है जो उनके रत्न इतने विनोदमय हो रहे हैं?

क्षपणक : *(विनम्र होकर)* क्षमा करें श्रीमन्त। मालवगणपति विक्रमादित्य के वरिष्ठतम रत्न से उपहास करना हमारा मन्तव्य नहीं था।

धन्वन्तरि : तो सुनो...स्वास्थ्य सन्तुलन है। पंचभूतों का सन्तुलन। वात, पित्त, कफ—जैसे त्रिदोषों में सन्तुलन। पृथ्वी से आकाश और आकाश से पृथ्वी तक का आरोह-अवरोह है यथार्थ और कल्पना। इस यथार्थ और कल्पना में भी सन्तुलन चाहिए। यथार्थ का उपचार औषधियों से किया जा सकता है परन्तु कभी-कभी मन में प्राणों का संचार केवल कल्पना व स्वप्न ही कर पाते हैं। परन्तु वहाँ भी वही सन्तुलन....

(पार्श्व से द्वारपाल की पुकार सुनाई देती है तो सभी ठहरकर मालवगणपति की प्रतीक्षा करते हैं।)

द्वारपाल : *(पार्श्व से)* परमभट्टारक साहसांक मालवगणनायक आयुष्मान चन्द्रगुप्त विक्रमादित्य पधार रहे हैं...

(विक्रमादित्य का प्रवेश। चेहरे पर उदासी है। सब उठकर उनका अभिवादन करते हैं। विक्रमादित्य उन्हें बैठने का संकेत कर अपने सिंहासन की ओर जाते हैं। सब आसन ग्रहण करते हैं परन्तु विक्रमादित्य सिंहासन पर न बैठकर लौट पड़ते हैं और चहलकदमी करते हैं।)

विक्रमादित्य : *(धन्वन्तरि के पास रुककर)* क्षमा करें, आपने प्रतीक्षा की होगी परन्तु...आज मन कुछ स्थिर नहीं...*(कुछ आगे बढ़कर)* महाकालेश्वर की आरती के बाद लौटकर पुनः क्षिप्रातट पर चला गया था। कोई अकेले उदास भी तो नहीं होने देता। घिरा रहता हूँ। घेरे रहते हैं।

वररुचि : कोई विशेष चिन्ता महाराज?

क्षपणक : सेवा का अवसर दें।

विक्रमादित्य : *(धन्वन्तरि की ओर देखते हुए)* आप कुछ नहीं कहेंगे?

धन्वन्तरि : *(गम्भीर स्वर में)* आपके आने से पहले यही चर्चा हो रही थी। पहले यह सोचना होगा कि समस्या खिन्नता है कि क्लेश। आप मन से उदास हैं या किसी बात से दुखी हैं?

विक्रमादित्य : *(सँभलकर)* इन बातों में क्या रखा है...जो व्यक्ति शासन कर रहा हो, व्यक्तिगत मनोदशाओं पर विचार करना उसकी प्राथमिकता नहीं हो सकती।

(लौटकर सिंहासन पर बैठते हैं।)

गौड़ प्रदेश में वर्षा के कारण त्राहि-त्राहि मची हुई है। प्रयास परास्त हो रहे हैं। धन और जन की अपार हानि हो रही है। पुनर्वास के प्रयत्न लगभग निष्फल सिद्ध हो रहे हैं। यह कैसी ग्रहचाल है! कैसा नक्षत्र-संयोजन!

(अचानक जैसे कुछ याद आ गया हो) आचार्य वराह मिहिर नहीं आये? इतने दिन की अनुपस्थिति!

घटखर्पर : सम्भवतः मालवगणपति अपनी चिन्ताओं में यह भूल रहे हैं कि आपने स्वयं उन्हें एक बृहद् अनुवाद कार्य सौंपा है जिसे वे कहीं एकान्त में करते होंगे।

विक्रमादित्य : *(खोया-खोया स्वर)* अनुवाद-कार्य!

घटखर्पर : फ़ारस नरेश के आग्रह पर उनसे अनुरोध किया गया था कि वे पंचतन्त्र का पहलवी भाषा में अनुवाद कर दें।

(विक्रमादित्य ठहरकर घटखर्पर की ओर देखते हुए वस्तुतः अपनी स्मृति पर ज़ोर देते हैं।)

विक्रमादित्य : हाँ वैसा ही करते होंगे...निस्सन्देह जिस कार्य को वे हाथ में लेते हैं वह उनके लिए एकाग्र साधना बन जाता है। उनका ध्रुवीकरण-सा हो जाता है। इसीलिए जिस क्षेत्र में प्रवेश करते हैं वहाँ चरम उत्कर्ष पर पहुँचकर दिखाते हैं। *(कहीं खोकर)* मन में विचार उठ रहा है...

(कुछ ठहरकर फिर कहते हैं) एक विचार यह भी आता है कि आचार्य वराह से पूछूँ...तत्त्वों में यह कैसा उत्पात है? यह कैसा ग्रह-युद्ध छिड़ा है? कौन से नक्षत्र हैं कि जल, जो जीवन है वही जीवन को विनाश के कगार पर ले आया है?

धन्वन्तरि : उनका गाँव कापित्थक है ही कितनी दूर! मालवगणनायक चाहें तो उन्हें आज ही यहाँ...

(विक्रमादित्य हाथ से रुकने का संकेत देते हैं।)

विक्रमादित्य : गौड़ प्रदेश का विस्तृत समाचार लेकर दूत कल रात ही पहुँचा है। कुछ तथ्यात्मक सामग्री साथ लेकर आया है। मैं चाहूँगा कि पहले आप उस पर अपनी-अपनी विशेषज्ञ टिप्पणियाँ प्रस्तुत करें।

(विक्रमादित्य का मंच से प्रस्थान। नवरत्न भी उन्हें यूँ उदास जाते देख, उठकर खड़े हो जाते हैं। एक-दूसरे को देखते हैं। फिर धीरे-धीरे उनका भी प्रस्थान। मालवगणनायक की उदासी सारे परिवेश पर छा जाती है।)

दृश्य : सात

[आचार्य वराह मिहिर के घर का उपवन। उपवन के मध्य पुष्पित लताओं से घिरी एक चौरस पीठिका है जिसके सामने अभी-अभी किसी ने अल्पना सजायी है। पीठिका पर एक वेदिका बनी है। आस-पास कुछ भोज-पत्र रखे हैं। लेखनी व मसि-पात्र भी है। आचार्य वराह मिहिर तन्मयता से कार्य कर रहे हैं। वे वहाँ बैठे पंचतन्त्र के अनुवाद कार्य में रत हैं। तभी खना का प्रवेश।]

खना : *(दूर ही से कहती आती है)* यह क्या पिताश्री, जलपान के बिना ही अनुवाद कार्य आरम्भ कर दिया!

वराह मिहिर : *(कार्य करते हुए ही)* हाँ, इस कार्य को शीघ्र समाप्त करना होगा। कितने दिन राजसभा से अनुपस्थित रह सकूँगा!

(कार्य से दृष्टि उठा कुछ विचार करते हैं।)

यह कार्य है भी कुछ भिन्न प्रकार का।

खना : भिन्न?

(पास आकर बैठती है।)

वराह मिहिर : *(गम्भीर स्वर में)* हाँ, अनुवाद...एक भाषा से दूसरी भाषा में

जाना...फिर लौटना...निरन्तर दो भाषाओं में रहना...दो भाषाएँ दो भिन्न संस्कृतियाँ हैं। मानो आप दो जीवन साथ-साथ जी रहे हों।

खना : *(विनोद के साथ हल्का गुस्सा दिखाते हुए)* दो जीवन तो साथ-साथ जी रहे हैं परन्तु भोजन एक जीवन की आवश्यकता जितना भी नहीं करते!

वराह मिहिर : *(हँसते हैं)* तुम से बच भी जाऊँ तो तुम्हारी वाक्पटुता कहाँ छोड़ेगी! कुछ खिलाकर ही रहेगी।

खना : *(उठने का उपक्रम करते हुए)* तो कुछ फल काटकर ले आऊँ?

वराह मिहिर : *(हाथ से बैठने का संकेत करते हुए)* अब लगता है कि पृथुयशस का शीघ्र विवाह का निर्णय उचित ही था। वह तो चला गया...यदि तुम भी न होतीं तो यह घर कितना उदास दिखता!

खना : तो कुछ ले आऊँ? *(वराह उसे ठहरकर देखते हैं तो वह झेंप-सी जाती है)* अल्पाहार ही...

वराह मिहिर : मेरा आहार इतनी बड़ी समस्या हो गयी...कि तुम स्वयं लाओगी?

खना : समस्या नहीं पिताश्री, सौभाग्य...यह मेरा सौभाग्य है कि मैं स्वयं आपके लिए भोजन तैयार करूँ।

वराह मिहिर : *(विनोद से)* और उसे खिलाने का बीड़ा उठाऊँ!

(खना मुस्कराती हुई खड़ी हो जाती है।)

अच्छी बात है...तुम्हारे मन का भी तो विचार करना होगा...अल्पाहार ही ठीक रहेगा। कुछ फल ले आओ, आज काम का बोझ अधिक रहेगा।

खना : *(उत्साहित होकर)* जो आज्ञा...अभी लायी।

(खना का प्रस्थान।)

वराह मिहिर : *(विचारशील मुद्रा)* देखता हूँ घरेलू दायित्वों और स्वाध्याय का अच्छा सन्तुलन है यह खना।

(आचार्य वराह अपना कार्य आरम्भ करते हैं। तभी पार्श्व से कोलाहल-सा सुनाई देता है जिसे वे समझने की कोशिश करते हैं।)

द्वारपाल : *(दूर से आता कड़ा स्वर)* आचार्य आजकल किसी से भेंट नहीं करते।

निर्धन पुरुष : *(गिड़गिड़ाता दूर से आता स्वर)* कृपा कीजिए...मुझे जाने दीजिए।

द्वारपाल : *(निष्ठुर स्वर)* हठ मत कर...कह तो दिया। यह आचार्य वराह मिहिर का आदेश है।

निर्धन पुरुष : *(काँपता स्वर)* मेरा बालक मृत्युशय्या पर है...महोदय दया करें...दया करें...इतने निष्ठुर न बनें...

वराह मिहिर : *(स्वगत)* यह क्या कोलाहल है?
(पुकारकर) द्वारपाल...द्वारपाल...

द्वारपाल : *(पास आकर सिर झुकाता है)* क्षमा करें महाराज...एक निर्धन पुरुष...हमारे गाँव का भी नहीं...आपके दर्शनों के लिए हठ कर रहा है।

(तभी निर्धन पुरुष का हाथ जोड़े प्रवेश। उसके मुख पर लम्बी मैली दाढ़ी है। वह एक कम्बल सिर पर से डाले है। कमर झुकी हुई है।)

निर्धन पुरुष : *(आचार्य वराह मिहिर की ओर जाते हुए)* दया...करुणानिधान... दया...

द्वारपाल : *(उत्तेजित होकर)* देखिए महाराज, कितना हठी है...इसका दुस्साहस देखिए।

(द्वारपाल निर्धन पुरुष को बाहर निकालने के लिए उसकी ओर बढ़ता है।)

वराह मिहिर : *(द्वारपाल को रुकने का संकेत करते)* ठहरो...
(निर्धन पुरुष की ओर देखकर) कौन हो? समस्या क्या है?

निर्धन पुरुष : *(गिड़गिड़ाते स्वर में)* आपके गाँव का तो नहीं आचार्य, परन्तु इसी उज्जयिनी का वासी हूँ...विवश हूं...मेरा एकमात्र पुत्र जीवन-मृत्यु के बीच झूल रहा है...*(रोने का अभिनय)* उसकी कौन-सी साँस अन्तिम साँस बन जाएगी नहीं मालूम!

वराह मिहिर : *(कठोर स्वर में)* किसी वैद्य को दिखाओ।

निर्धन पुरुष : *(स्वर में विनय)* जहाँ तक पहुँच थी, सब करके देख चुका हूँ।

वराह मिहिर : मुझसे क्या चाहते हो?

निर्धन पुरुष : *(हाथ जोड़कर अनुनय के साथ)* आपकी कीर्ति चारों ओर फैली है...प्रभु आप ही मेरी अन्तिम शरण हैं।

वराह मिहिर : *(स्वर कुछ कोमल होता है)* कुण्डली लाये हो?

निर्धन पुरुष : मुझ जैसा हताश जीव कुण्डली क्या लाता! प्रभु, बस दौड़ा चला आया।

(आचार्य वराह विचार करने लगते हैं। निर्धन पुरुष पास जाकर आतंकित होने का अभिनय करते हुए हथेली आचार्य वराह मिहिर की ओर बढ़ाने का प्रयत्न करता है।)

प्रभु, देखिए हाथ की रेखाएँ क्या कहती हैं? कहीं पुत्र वियोग तो नहीं लिखा?

(आचार्य द्वारपाल को जाने का संकेत करते हैं। द्वारपाल का प्रस्थान। आचार्य निर्धन पुरुष को हथेली बन्द कर फिर खोलकर दिखाने का संकेत करते हैं। इस पर निर्धन पुरुष वराह मिहिर के पास चरणों में बैठकर हथेली आगे कर फैला देता है।)

पुत्र सुख है भी या नहीं?

(वराह मिहिर हथेली पर दृष्टि डालते ही चौंक उठते हैं। फिर निर्धन पुरुष पर दृष्टि डालते हैं। फिर दोबारा हथेली देखते हैं।)

वराह मिहिर : *(स्वगत)* यह शंखों से सज्जित हथेली क्या किसी निर्धन की हो सकती है?

(चौंककर अचानक खड़े हो जाते हैं।)

आप! मालवगणनायक चन्द्रगुप्त विक्रमादित्य इस वेश में!

निर्धन पुरुष : *(हँसकर स्वर में अधिकार के साथ)* तो फिर हमारे भाग्य का क्या निर्णय किया?

वराह मिहिर : *(हाथ जोड़कर)* उठिए महाराज...आसन ग्रहण करें। आपका इस प्रकार नीचे बैठना मेरे लिए घोर लज्जा का विषय है।

निर्धन पुरुष : *(उठते हुए)* लज्जा कैसी! एक विद्वान की ही शरण में आया हूँ। *(गम्भीर होकर)* विनोद नहीं वस्तुतः मन बहुत उद्विग्न है।

(दोनों आसन ग्रहण करते हैं।)

वराह मिहिर : *(गम्भीर स्वर में)* जानता हूँ...समय ही कुछ ऐसा है। विश्राम कीजिए...कहिए, आपकी क्या सेवा कर सकता हूँ?

निर्धन पुरुष : सेवा की आवश्यकता नहीं। यह छद्म बना ही रहने दीजिए। वैसे भी मैं कल सान्ध्यकाल से आपके गाँव में आतिथ्य स्वीकार करता घूम ही रहा हूँ। छद्म वेश में कुछ अंगरक्षक भी हैं। निश्चिन्त रहें।

वराह मिहिर : मेरे लिए आज्ञा?

(खना का हाथ में फलों का थाल लिये प्रवेश। वह आचार्य वराह को किसी अपरिचित से बात करता देख ठिठक जाती है। वहीं खड़ी हो सुनती है।)

निर्धन पुरुष : गौड़ प्रदेश को न जाने कितने दिनों से वर्षा ने ग्रस्त कर रखा है। स्थिति नियन्त्रण से बाहर है। आप तो जानते ही हैं कि उस क्षेत्र को साम्राज्य में मिलाने के लिए उज्जयिनी को कितनी हानि उठानी पड़ी है। अब वहाँ की प्रजा इस साम्राज्य पर विश्वास करने लगी है। उसे क्या यह वर्षा ध्वस्त कर देगी? क्या यह विश्वास समाप्त हो जाएगा आचार्य?

(आचार्य वराह गहरे विचारों में डूब जाते हैं।)

खना : *(कुछ आगे बढ़ती है। विचारों में खोयी-सी परन्तु मुखर स्वर में)* हेमन्त ऋतु में निरन्तर वर्षा! अर्थात् चातुर्मास के अतिरिक्त निरन्तर वर्षा...अर्थात् अन्य किसी ऋतु में निरन्तर सात दिन से अधिक वर्षा...अर्थात्...घोर अपशकुन...विनाश...राजा की मृत्यु...रक्तपात...राजा की मृत्यु...निस्सन्देह राजा की मृत्यु।

(आचार्य वराह मिहिर और निर्धन पुरुष चौंककर उसे देखते हैं। वे दोनों सब सुन चुके हैं। निर्धन पुरुष खड़ा हो जाता है। खना को घूर-घूरकर देखता है। खना अपने विचारों में खोयी-सी है। वह उसे बिना देखे फलों का थाल आचार्य वराह के पास रखती है।)

खना : *(संयत स्वर में आचार्य वराह को सम्बोधित करते हुए)* पिताश्री कृपया ग्रहण करें।

वराह मिहिर : *(अचकचाकर निर्धन पुरुष से)* बालिका है...पृथुयशस की पत्नी...ज्योतिष में रुचि है...खना नाम है...इस वय में उत्साह

की अधिकता रहती ही है।
(उद्विग्न स्वर में मानो समझ न पा रहे हों कि क्या करें) इस अवसर पर अब इससे अधिक...मैं क्या कह...

निर्धन पुरुष : *(खोया हुआ-सा)* समझ रहा हूँ...अब चलता हूँ।

(निर्धन पुरुष का प्रस्थान।)

वराह मिहिर : *(पीछे-पीछे लगभग दौड़ते हुए)* रुकिए तो...मैं निवेदन कर रहा था...

(दोनों मंच से बाहर हो जाते हैं।)

खना : *(अचम्भित होकर)* यह क्या दृश्य है! आचार्य वराह मिहिर एक निर्धन पुरुष के पीछे...निवेदन करते नंगे पैर! लगता है पिताश्री सच में दो जीवन जी रहे हैं!

(फलों के थाल की ओर जाती है। उसे उठाती है। कुछ सोचकर पुनः वहीं रख देती है। विचारों में डूब-सी जाती है।)

परन्तु...यह निर्धन पुरुष था कौन...साम्राज्य की चिन्ता में डूबा! घुटनों से नीचे तक पहुँचते वे हाथ क्या किसी निर्धन के थे?

(खना पहले सिर 'ना' में हिलाती है फिर वहीं ध्यानमग्न ठिठकी रह जाती है।)

दृश्य : आठ

[मध्याह्न का समय। मालवगणनायक विक्रमादित्य के राजभवन का दृश्य। थोड़ी-थोड़ी दूर पर स्तम्भ लगे हैं जिन पर तत्कालीन कलाकृतियों के दृश्य उत्कीर्ण हैं। किसी पर वाद्य-यन्त्र हैं तो किसी पर नृत्य की मुद्राएँ। विक्रमादित्य विचारमग्न बैठे हैं। तभी महादेवी का प्रवेश। उन्हें गहन विचारों में डूबा देख ठिठकती हैं। फिर पास आती हैं।]

महादेवी : *(विक्रमादित्य के कन्धे पर हाथ रखकर आत्मीय स्वर में)* महाराज अब चिन्ता क्यों? चिन्ता के कारण तो समाप्त हो चुके

हैं। गौड़ प्रदेश में वर्षा थमे कई दिन हुए। प्रजा के पुनर्वास का कार्य प्रगति पर है। स्थिति नियन्त्रण में आ रही है।

विक्रमादित्य : *(उदास होकर)* हाँ महादेवी, परन्तु उस क्षेत्र के क्षत्रप...अर्थात् वहाँ के राजा के वध के पश्चात...

महादेवी : परन्तु वध का कारण तो उनके परिवार के सदस्य ही बने।

विक्रमादित्य : *(खड़े होते हुए)* सम्भवतः नहीं...परिवार के सदस्य नहीं सौरमण्डल के सदस्य महादेवी! परिवार के सदस्य तो माध्यम भर थे।

महादेवी : *(स्वर में हल्का व्यंग्य)* ओ...तो महाराज उस ग्रामीण बाला की स्मृति में डूबे हैं!

विक्रमादित्य : हाँ...उसकी भविष्यवाणी पर ही विचार कर रहा था। क्या विचारणीय नहीं?

महादेवी : *(सँभलकर गम्भीर होते हुए)* सत्य कहते हैं महाराज...जिस दिन आप कापित्थक ग्राम से लौटे थे और आपने मुझे वहाँ का वृत्तान्त सुनाया था मैं भी सारी रात सो कहाँ पायी थी!

विक्रमादित्य : *(वापस आ आसन पर बैठते हुए)* परन्तु खना की भविष्यवाणी न पूरी तरह सत्य सिद्ध हुई और न ही झूठ। उसने कहा था राजा की मृत्यु...राजा की मृत्यु तो हुई परन्तु गौड़ प्रदेश के नरेश की मृत्यु। *(स्मृति में खोते हुए)* नहीं...यह भविष्यवाणी वय का अतिरिक्त उत्साह नहीं सूक्ष्म अन्तर्दृष्टि का परिणाम है।

महादेवी : दासी कह रही थी कि आचार्य वराह मिहिर की पुत्रवधू खना ने अपने श्वसुर का बनाया हुआ कोई तैल पी लिया था...ज्योतिष्मति तैल!

विक्रमादित्य : *(मुस्कराकर)* महादेवी आप भी बस कभी-कभी...

(महादेवी की ओर स्नेहिल दृष्टि से देखते हैं।)

महादेवी : *(झेंपकर)* नहीं वह दासी...

विक्रमादित्य : *(संयत स्वर में)* जानता हूँ...आपकी दासी ही नहीं...खना के विषय में लोगों की ऐसी ही धारणा है। परन्तु आप ही सोचिए कि क्या किसी तैल विशेष से ऐसा ज्ञान अर्जित कर सकता है कोई!

(उठकर खड़े हो जाते हैं।)

महादेवी : *(भीगे स्वर में)* इसी संसार में आप भी तो हैं महाराज...यह सोचकर मन खिल उठता है कि मालवगणनायक सम्राट इतनी उदार दृष्टि रखते हैं। *(आँखों में हर्ष की मुस्कान)* और वह उदारमना सम्राट मेरे स्वामी हैं।

विक्रमादित्य : *(गद्‌गद्‌ भाव से)* महादेवी!

(पास आ महादेवी का हाथ अपने हाथों में लेते हैं। दोनों एक-दूसरे को अनुरागासिक्त दृष्टि से देखते हैं।)

महादेवी : खना से मुझे नहीं मिलवाएँगे?

विक्रमादित्य : *(हाथ छोड़कर)* आपकी इस इच्छा का मुझे आभास था।

महादेवी : मैं भी तो उस ज्योतिष्मती से जान लूँ कि मेरे भाग्य में क्या लिखा है। *(विनोद के साथ)* महाराज का मेरे प्रति यह भाव कितने दिन बना रहेगा!

विक्रमादित्य : *(छेड़ते हुए)* तो आज खना से यही वार्तालाप होगा?

महादेव : *(चौंककर)* आज! *(कुछ आहत होकर)* अर्थात्?

विक्रमादित्य : हाँ, खना आती ही होगी।

(महादेवी कुछ अलग हट जाती हैं।)

प्रातःकाल राजकर्मी उसे सम्मान के साथ लिवा लाने के लिए गये थे। *(खिड़की से बाहर देखते हुए)* दोपहर हो आयी है...आते ही होंगे।

महादेवी : *(आहत स्वर में)* आपने चर्चा नहीं की।

विक्रमादित्य : मैं उसे अकस्मात् आपके समक्ष प्रस्तुत कर आपको चकित कर देना चाहता था।

(प्रतिहारी का प्रवेश।)

प्रतिहारी : भट्टनायक की जय हो। कापित्थक से राजकर्मी लौट आये हैं। अतिथि प्रतीक्षारत हैं। आज्ञा महाराज।

विक्रमादित्य : हमारी अतिथि खना देवी को सम्मानपूर्वक भीतर लाया जाए।

प्रतिहारी : जो आज्ञा महाराज।

(प्रतिहारी जाता है और खना के साथ लौटता है।)

विक्रमादित्य : *(खना को देखकर)* आचार्य वराह मिहिर की विदुषी पुत्रवधू खना देवी का चन्द्रगुप्त विक्रमादित्य के राजभवन में स्वागत है।

खना : *(विनय के साथ हाथ जोड़कर)* परमभट्टारक मालवगणनायक

को शत-शत प्रणाम।

विक्रमादित्य : महादेवी हमारी उज्जयिनी की इस नवोदित ज्योतिष्मती से मिलने को इच्छुक थीं।

खना : *(आगे बढ़कर)* यह मेरा परम सौभाग्य है। *(झुककर)* महादेवी को मेरा विनीत प्रणाम।

महादेवी : *(आगे बढ़कर प्रसन्न स्वर में)* आओ खना, आसन ग्रहण करो। मार्ग में कोई असुविधा तो नहीं हुई?

खना : नहीं देवी...यात्रा सुखद रही।

(महादेवी बैठती हैं और खना को बैठने का संकेत करती हैं तो वह भी पास ही बैठती है। मगर खना अचानक फिर उठकर खड़ी हो जाती है। विक्रमादित्य की ओर बढ़ती है।)

परन्तु मालवगणनायक सर्वप्रथम इस राजभवन में आपसे उस दिन की भूल के लिए क्षमा चाहती हूँ। हृदय से क्षमा चाहती हूँ।

(विक्रमादित्य मुस्कराते हैं।)

आपको एक निर्धन आगन्तुक के छद्म में पहचान नहीं पायी थी।

विक्रमादित्य : छद्म तो तभी छद्म होता है जब अभेद्य हो। तुम मेरे छद्म को नहीं पहचान पायीं पर मेरी जिज्ञासा को पहचानकर उसका उत्तर तो सही दिया।

खना : यह तो आपकी उदारता है महाराज।

विक्रमादित्य : मणिकार दुर्लभ मणियाँ भी नहीं पहचान पाएगा तो क्या करेगा! भविष्य में सम्भवतः उज्जयिनी तुम्हारे ज्ञान और अन्तर्दृष्टि से लाभ उठा सके।

(महादेवी से) चलता हूँ महादेवी...खना को आप...

महादेवी : *(खड़ी होकर)* निश्चिन्त रहें।

(मुस्कराकर खना की ओर देखती हैं।)

अब यह मेरे क्षेत्राधिकार में है।

(विक्रमादित्य का मुस्कराकर प्रस्थान। महादेवी खना के पास आती हैं। उसे ध्यान से स्नेहिल दृष्टि से निहारती हैं।)

खना : *(द्रवित स्वर में)* अहोभाग्य!

महादेवी : *(बाँह से खींचकर खना को बैठाते हुए)* पृथुयशस की अनुपस्थिति खलती तो होगी?

(खना सकुचा जाती है।)

कोई सन्देश आया?

खना : हाँ देवि गत सप्ताह ही आया था।

महादेवी : यहाँ भी आया था। महाराज भर्तृहरि का कुशल-मंगल प्राप्त हुआ।

खना : महाराज भर्तृहरि!

महादेवी : हाँ, पृथुयशस ने बताया तो होगा कि आजकल महाराज अपना संन्यस्त जीवन वहीं बिता रहे हैं।

खना : *(कुछ सोचते हुए)* हाँ वह तो जानती हूँ परन्तु...

महादेवी : परन्तु?

खना : महादेवी अन्यथा न लें तो एक प्रश्न पूछूँ?

(महादेवी उसकी ओर ठहरकर देखती हैं।)

कई दिनों से मन में कुछ घुमड़ रहा है...समझ नहीं आता था कि किससे पूछूँ। आज आपसे मिली तो लगा...

महादेवी : निस्संकोच कहो...अब तो हमारी सखी हो...संकोच कैसा!

खना : महाराजा भर्तृहरि तो मालवगणनायक विक्रमादित्य से वय में छोटे हैं...उन्होंने संन्यास क्यों लिया महादेवी?

महादेवी : यह तो सारा मालव जानता है, आश्चर्य है कि तुमने नहीं सुना।

खना : सुना अवश्य है पर विश्वास नहीं कर पायी हूँ इसीलिए...

महादेवी : इसीलिए क्या?

खना : इसीलिए राजभवन के अति विश्वस्त स्रोत से पूछने का मन हो आया।

महादेवी : *(पहले मुस्कराती हैं फिर गम्भीर होकर)* मानव स्वभाव ऐसा है कि जिस वेग से वह आकर्षित होता है, विश्वास टूट जाने पर उतनी ही गति से वहाँ से हट भी सकता है।

खना : क्या वास्तव में महारानी पिंगला...

(बोलते-बोलते रुक जाती है तो महादेवी उसे ठहरकर देखती हैं।)

महादेवी : *(एक दीर्घ निश्वास छोड़ते हुए गम्भीर स्वर में)* हाँ यह सत्य है। महाराज भर्तृहरि अपनी महारानी पिंगला को प्राणों से अधिक चाहते थे। महाराज को एक निर्धन ब्राह्मण ने अमरत्व प्राप्त करने के लिए एक फल दिया। जो भी उस फल को खाता उसे अमरता का वरदान प्राप्त होता।

(महादेवी चुप हो जाती हैं।)

खना : क्या हुआ महादेवी?

महादेवी : *(स्वर में हल्की उदासी)* महाराज भर्तृहरि ने वह फल स्वयं न खाकर अपनी महारानी पिंगला को दिया। *(स्वर को सँभाल कर)* महारानी पिंगला ने जब फल की विशेषता को जाना तो उन्होंने वह फल स्वयं न खाकर अपने प्रेम-पात्र सेनापति को दे दिया। सेनापति ने वह फल अपनी प्रेमिका, उज्जयिनी की ही एक गणिका को दे दिया। परन्तु भाग्य में कुछ और ही लिखा था। वह गणिका महाराज भर्तृहरि पर आसक्त थी। अतः वह फल उसने महाराज को लाकर दिया।

खना : *(सिहर-सी जाती है)* आह! महाराज भर्तृहरि को कैसा प्रतीत हुआ होगा!

महादेवी : बस वही क्षण था जब उन्हें लगा कि जीवन निस्सार है। जीवन भर वे जिस पर सर्वस्व निछावर करते रहे वह महारानी पिंगला उनसे नहीं किसी और से प्रेम करती थीं।

खना : और उन्होंने संन्यास ले लिया!

महादेवी : हाँ, सम्भवतः उन्हें अपना आप निरर्थक लगा हो...यह संसार अर्थहीन लगा हो।

खना : *(स्वर में बेचैनी)* पर महादेवी...

महादेवी : कहो...

खना : महाराज भर्तृहरि ने तो संन्यास ले लिया क्योंकि उनकी महारानी एकनिष्ठ नहीं थीं परन्तु कभी कोई स्त्री यदि ऐसा अनुभव करे कि उसका पति उससे नहीं किसी और से प्रेम करता है तो...

(महादेवी गम्भीर दृष्टि खना पर डालती हैं।)

तो कहा जाता है पत्नी असहिष्णु है...उसमें धैर्य नहीं। क्या...

महादेवी : रुक क्यों गयीं?

खना : क्या समाज उस स्त्री को इस आधार पर संन्यास लेने की अनुमति देगा? क्या यही समाज उसे गृहस्थ की देहरी पार करने देगा?

(महादेवी उसके समीप आती हैं। कन्धे पर हाथ रखती हैं। कुछ विचार करती हैं। कुछ क्षण मंच पर सन्नाटा। फिर महादेवी आगे बढ़ जाती हैं।)

महादेवी : *(स्वगत)* तुम एक स्त्री की बात कर रही हो! उनकी संख्या तो न जाने कितनी हो! राष्ट्र की महादेवी हूँ तो क्या, सम्भवतः मैं भी...

(प्रकट) इतने गहरे प्रश्न मत छेड़ो। ऐसे तो जीवन दूभर हो जाएगा! जब पृथ्वी के प्रश्न समझ से बाहर हों तो उन्हें आकाश के ग्रहों पर छोड़ देना पड़ता है।

खना : महादेवी!

महादेवी : *(सँभलकर)* परिहास कर रही थी सखी... *(हाथ बढ़ाकर)* मेरे कक्ष में चलो...आज तुमसे अपने ग्रहों की कथा सुनी जाए।

(खना मुस्कराकर अपना हाथ उनके हाथ में दे देती है। दोनों भीतर की ओर प्रस्थान करती हैं।)

दृश्य : नौ

[सन्ध्या का समय। विक्रमादित्य का कक्ष। एक ओर सुसज्जित पीठिका है। सामने एक लकड़ी की नक्काशी का झूला। दीवार पर रत्नखचित दर्पण दिखाई दे रहा है। प्रतिहारी दीपदान लेकर आता है तो अँधेरे कक्ष में उजियारा फैल जाता है। तभी दूसरी ओर से विक्रमादित्य और महादेवी का साथ-साथ प्रवेश।]

महादेवी : *(प्रफुल्लित होकर)* सन्ध्या समय मुक्त आकाश के नीचे विचरण न किया जाए तो सन्ध्या कुछ अधूरी-सी प्रतीत होती है।

विक्रमादित्य : *(विचारमग्न-से)* हाँ, वह तो है।

महादेवी : *(आहत स्वर में)* इतने अनमने मन से कहेंगे?

विक्रमादित्य : नहीं ऐसा कुछ नहीं...और सुनाइए आपका तीसरा प्रहर कैसा रहा?

(बैठ जाते हैं।)

महादेवी : *(विनोद के साथ)* मेरा तीसरा प्रहर?

(गर्दन 'ना' में हिलाते हुए दीवार पर समीप ही लगे दर्पण में स्वयं को निहारती हैं।)

अभी तो सम्भवतः मेरा तीसरा प्रहर...

(पलटकर विक्रमादित्य को देखती हैं।)

विक्रमादित्य : *(खिन्न मुस्कान के साथ)* मेरा तात्पर्य था कि अपने कक्ष में खना से आपकी भेंट कैसी रही।

(महादेवी बैठती हैं।)

महादेवी : मेधावी है, अध्ययन किया है...विचारशील है...मौलिक चिन्तन है...

(कुछ सोचने लगती हैं।)

विक्रमादित्य : *(वाक्य पूरा करने का प्रयास करते)* अन्तर्दृष्टि है।

महादेवी : भेंट रोचक थी। सोचती हूँ कभी-कभी ऐसी चर्चा होती रहनी चाहिए।

(प्रश्नसूचक दृष्टि से विक्रमादित्य को देखती हैं।)

विक्रमादित्य : *(मुस्कराकर)* मैं जानता था उसकी कुशाग्र बुद्धि आप पर प्रभाव छोड़ेगी।

(महादेवी ध्यानपूर्वक उन्हें देखती हैं मानो कुछ परख रही हों।)

महादेवी : *(प्रसन्न स्वर में)* आपने ऐसा सोचा था!

विक्रमादित्य : हमने निर्णय किया है कि वह युवा प्रतिभा विक्रमादित्य की राजसभा की शोभा बढ़ाए।

महादेवी : *(अचम्भित होकर)* महाराज!

विक्रमादित्य : *(अपनी बात को सँभालकर)* हमारा तात्पर्य है कि सभासद के रूप में...खना देवी सभासद के रूप में राष्ट्र की सहायता करें।

महादेवी : *(राहत की साँस लेती हैं। फिर प्रसन्न होकर)* देखती हूँ महाराज में चक्रवर्ती सम्राट के सभी अपेक्षित गुण हैं— एक प्रहर में इतना ऐतिहासिक निर्णय ले लिया।

विक्रमादित्य : नहीं ऐसा नहीं। गौड़ प्रदेश के क्षत्रप की हत्या के बाद से यह

विचार निरन्तर मन को घेरे हुए है।

महादेवी : यह एक अभूतपूर्व घटना होगी। आपने यह विचार किसी पर प्रकट किया क्या? मेरा तात्पर्य था किसी सभासद पर...

विक्रमादित्य : आचार्य वराह मिहिर से उल्लेख भर किया है पर राजसभा में नवरत्नों से चर्चा करनी होगी।

(कुछ रुककर टहलने लगते हैं।)

निर्णय अभूतपूर्व तो है ही...विवाहिता ज्ञानमार्गी स्त्री को सभासद के रूप में न जाने कौन कितना स्वीकार करेगा!

महादेवी : और ऐसी स्त्री जिसकी आयु भी अधिक नहीं... *(विक्रमादित्य महादेवी की आँखों को पढ़ने का प्रयत्न करते हैं। फिर महादेवी सँभलकर कहती हैं)* इस रूप में किसी स्त्री को स्वीकार कर पाना साधारण बात तो नहीं है।

विक्रमादित्य : *(विचारमग्न)* हूँ...सत्ता के केन्द्र में एक युवती! अपनी बौद्धिक प्रतिभा के बल पर!

महादेवी : आपके मन में तो कोई दुविधा नहीं?

विक्रमादित्य : *(महादेवी की आँखों में झाँककर)* नहीं महादेवी।

महादेवी : तो आपको निश्चिन्त रहना चाहिए।

(तभी प्रतिहारी का प्रवेश।)

प्रतिहारी : क्षमा करें महाराज...चरणाद्रि के दूत आपसे भेंट करने के लिए प्रतीक्षारत हैं। क्या आदेश है? क्या वे कल आएँ?

विक्रमादित्य : *(स्वगत)* आह! यह दूत तो भोजन अवकाश से प्रतीक्षारत होगा। यह मुझे क्या हुआ?
(प्रतिहारी से प्रकट) नहीं, उनसे अभी सन्देश प्राप्त करना होगा।
(महादेवी से) चलता हूँ महादेवी।

(विक्रमादित्य व प्रतिहारी का प्रस्थान।)

महादेवी : *(जिस ओर विक्रमादित्य ने प्रस्थान किया उसी ओर देखते हुए)* चलिए, महाराज परन्तु आपके पग भी इतने विश्वास से नहीं उठ पा रहे हैं। दुविधा आपके मन में भी है।
(दर्शकों की ओर देखकर विचारशील मुद्रा में) आपकी इस दुविधा का कारण आपका खना के प्रति छिपा हुआ आकर्षण तो नहीं!

दृश्य : दस

[सुबन्धु भट्ट का निवास। एक ओर लकड़ी की चौकी है। सामने कुशा के आसन रखे हैं। एक आसन पर कुछ ताल-पत्र बँधे रखे हैं। आले में भी ताल-पत्र पंक्तियों में रखे हैं। चौकी पर कुछ वस्त्र फैले हुए हैं। सुबन्धु भट्ट कक्ष को व्यवस्थित करने में लगे हुए हैं। तभी खना का प्रवेश।]

खना : *(एक क्षण ठहरकर उन्हें कार्य में व्यस्त देखती है। फिर आगे बढ़ती है।)* अब बहुत सहेज लिया...बैठिए भी!

सुबन्धु भट्ट : *(काम छोड़कर)* अरे तुम...कब आयीं?

खना : *(सुबंधु भट्ट के हाथ से चादर लेकर)* लाइए मैं करती हूँ। *(उसे तह करने लगती है।)*

सुबन्धु भट्ट : *(स्वर में उत्साह)* तुम आयीं कब?

खना : अभी ही तो आयी हूँ।

सुबन्धु भट्ट : *(बैठते हुए)* मेरा तात्पर्य था कि राजभवन से कब लौटीं?

खना : *(उत्साहित होकर)* वही तो बताने आयी हूँ। कल ही लौट आयी थी।

सुबन्धु भट्ट : राजभवन का आतिथ्य कैसा रहा?

खना : *(उत्साहित स्वर में)* बन्धु काका, मालवगणनायक विक्रमादित्य का दर्शन-लाभ हुआ और जानते हैं...महादेवी मुझे अपने निजी कक्ष में ले गयीं। उनसे बहुत अनौपचारिक अन्तरंग वार्ता हुई।

सुबन्धु भट्ट : *(मुस्कराकर)* अत्यधिक प्रसन्न हो!

खना : हाँ...*(निःश्वास छोड़कर बैठती है।)*
जीवन में पहली बार राजभवन में जाने का सुयोग भी हो गया।

सुबन्धु भट्ट : पहला है किन्तु अन्तिम तो नहीं।

खना : परमभट्टारक को पूरे राष्ट्र की चिन्ता है। क्या प्रतिदिन मुझे ही राजभवन बुलवाते रहेंगे!

सुबन्धु भट्ट : सम्भवतः अगली बार राजसभा का निमन्त्रण मिले।

खना : *(हँसकर)* राजसभा...वहाँ मेरा क्या काम!

सुबन्धु भट्ट : क्यों, अब तो तुम्हारी भविष्यवाणी से स्वयं सम्राट भी प्रभावित हैं।

खना : *(उदास स्वर में)* क्या भविष्यवाणी और क्या ज्योतिष!

(सुबन्धु भट्ट उसे ठहरकर देखते हैं।)

बन्धु काका हमने क्या सोचा था परन्तु...

सुबन्धु भट्ट : *(जिज्ञासापूर्वक)* क्या सोचा था?

खना : यही कि ज्योतिर्विद के परिवार में जा रही हूँ...लगा था निरन्तर नवग्रहों के सान्निध्य में रहूँगी...नक्षत्रों से बातें करूँगी...पृथ्वी और आकाश का अन्तराल नापूँगी परन्तु...

सुबन्धु भट्ट : *(उठकर पास आते हैं)* क्या हुआ तुम सुखी तो हो?

खना : *(खड़ी हो जाती है)* पृथुयशस की पत्नी और आचार्य वराह मिहिर की पुत्रवधू के रूप में तो हूँ परन्तु खना...

सुबन्धु भट्ट : *(चिन्तित स्वर में)* खना! क्या हुआ खना को?

खना : *(उदास स्वर में)* पता नहीं काका...कभी-कभी ऐसा प्रतीत होता है कि खना कहीं खोती जा रही है।

सुबन्धु भट्ट : पृथुयशस यहाँ नहीं है इसलिए?

खना : *(झेंपकर)* नहीं वह बात नहीं।

सुबन्धु भट्ट : तो?

खना : *(विचारशील मुद्रा में)* व्यक्ति वही होने पर भी जैसे कोण बदल गया है...जैसे उदय होते-होते सूर्य डूबने लगा हो।

सुबन्धु भट्ट : तात्पर्य?

खना : अब तो गुरुदेव घर में ही हैं परन्तु मैं उस प्रकार से...नहीं नहीं...मेरा तात्पर्य वह नहीं...वे मुझे कभी निरुत्साहित नहीं करते पर न जाने क्या हो गया है...मैं स्वयं ही उनसे अधिक ज्ञानचर्चा नहीं कर पाती हूँ। *(अचानक पलटकर)* क्या खना खो जाएगी?

सुबन्धु भट्ट : *(हृदय के उद्‌गार-सा स्वर)* नहीं...खना खोने के लिए नहीं है। *(खना की ओर देखकर)* तुम्हारा स्वाध्याय?

खना : हाँ, अधिक तो स्वाध्याय पर ही निर्भर हूँ।

सुबन्धु भट्ट : *(गम्भीर स्वर में)* हूँ...हर व्यवस्था की अपनी एक मर्यादा तो होती ही है।

(मानो चेतकर) अब उस दूसरी व्यवस्था की दिशा में क्या प्रयास चल रहे हैं?

खना : *(आश्चर्य से)* दूसरी व्यवस्था! कौन-सी दूसरी व्यवस्था?

सुबन्धु भट्ट : क्यों, आचार्य ने तुमसे कोई चर्चा नहीं की?

खना : नहीं तो...कैसी चर्चा?

सुबन्धु भट्ट : जब तुम गयी हुई थीं तो आचार्य ने मुझे घर बुला भेजा था।

खना : *(सावधान होकर)* कोई विशेष प्रयोजन?

सुबन्धु भट्ट : हाँ, विशेष ही था...और मेरे लिए इसलिए विशेष था क्योंकि वह तुमसे जुड़ा था।

खना : *(अधीर स्वर में)* मुझसे! ऐसा क्या हुआ?

सुबन्धु भट्ट : सम्राट तुम्हारी मेधा से बहुत चमत्कृत हैं। उन्होंने इधर तुम्हें राजभवन बुलवाकर महादेवी से भेंट करवायी और वहाँ उसी दिन उन्होंने आचार्य के समक्ष एक प्रस्ताव रखा।

खना : *(चिन्तित स्वर में)* कैसा प्रस्ताव?

सुबन्धु भट्ट : सम्राट तुम्हें अपनी राजसभा में सम्मिलित करना चाहते हैं सभासद के रूप में।

खना : *(आश्चर्य के साथ)* सभासद! मुझे!

सुबन्धु भट्ट : हाँ...और तुम्हारा काका होने के नाते आचार्य वराह मिहिर मेरी प्रतिक्रिया जानना चाहते थे।

खना : *(बिना साँस लिए)* तो आपने क्या कहा?

सुबन्धु भट्ट : वहाँ क्या कहना था! सब कुछ उन पर छोड़कर चला आया पर हाँ, आज तुमसे कहता हूँ कि यह सब इतना सहज नहीं है।

खना : मैं स्त्री हूँ इसलिए?

(सुबन्धु भट्ट खना की ओर अर्थपूर्ण दृष्टि से देखते हैं परन्तु उत्तर नहीं देते।)

आपने मुझे जीवन में सदैव आशावादी बने रहने की शिक्षा दी है...आज आपकी आँखों में यह मौन निराशा क्यों? *(कुछ क्षण ठहरकर)* क्या हमने कभी सोचा था कि आचार्य वराह मिहिर मुझे शिष्या के रूप में स्वीकार करेंगे? या मैं उनके कुल की वधू बनूँगी?

सुबन्धु भट्ट : *(उदास स्वर में)* वह भिन्न प्रसंग है।

खना : बन्धु काका, बचपन से आपसे एक कथा सुनती आयी हूँ...अरुन्धती की कथा। क्या उस अरुन्धती को आकाश में सप्तर्षि मण्डल के पास दिव्य स्थान प्राप्त नहीं हुआ? स्त्री हुई तो क्या!

सुबन्धु भट्ट : *(निःश्वास छोड़कर)* हाँ, हुआ...परन्तु अपने पतिव्रता धर्म की विशेषता के कारण...अपने वैदुष्य के कारण नहीं...वैदुष्य के कारण नहीं।

(सँभलकर) आशाएँ बनी रहें...परन्तु...यह इतना सहज नहीं।

खना : *(धीमे स्वर में)* आप इससे प्रसन्न नहीं?

सुबन्धु भट्ट : *(द्रवित होकर)* क्षण भर को भी ऐसा मत सोचना। तुम नहीं जानतीं वह सब सुनकर मुझे कैसा लगा था! तुम मेरी पुत्री न सही पर मेरी मानस-पुत्री तो हो।

(स्मृतियों में डूब-से जाते हैं) तुम्हें स्मरण भी नहीं होगा, कैसे बचपन से मैंने तुम्हें कभी पकड़कर और कभी छोड़कर चलना सिखाया है। गाँव से यहाँ लाने के लिए भाभी से कितनी कलह हुई थी। इसका तुम्हें क्या अनुमान होगा!

(स्मृतियों से लौटते हुए) खुली आँखों स्वप्न साकार हों ऐसा कहाँ होता है! भला मुझसे अधिक प्रसन्न आज कौन होगा! परन्तु...

खना : परन्तु?

सुबन्धु भट्ट : *(विचारों में खो-से जाते हैं)* तुम्हें राजसभा में सभासद के रूप में देखना...अभी यह सम्राट की अभिलाषा भर है...राजाज्ञा होने तक इसकी यात्रा को...इस विषय में स्पष्ट रूप से सोच नहीं पा रहा हूँ। एक आदर्श स्वप्न प्रतीत हो रहा है। परन्तु खुली आँखों ऐसा भी स्वप्न नहीं देख रहा कि यथार्थ की आहट को न सुन सकूँ। *(चेतकर)* मेरी इस उधेड़बुन...इस संशय की पगडण्डी पर तुम मत चलो...इससे प्रभावित मत होना। राजमार्ग तुम्हें बुला रहा है। ईश्वर तुम्हारा मार्ग प्रशस्त करे।

खना : बन्धु काका!

(सुबन्धु भट्ट पास आकर खना के सिर पर स्नेह से हाथ फेरते हैं मानो आशीष दे रहे हों। खना आर्द्रता, गर्व और

हल्के-से भय के मिश्रित भाव लिये उन्हें अनिमेष देख रही है।)

दृश्य : ग्यारह

[मालवगणनायक विक्रमादित्य की राजसभा का सभाकक्ष जो स्तम्भों व तोरण द्वार से सुसज्जित है। उसमें स्वयं सम्राट आगे हैं और उनके नवरत्न उनके पीछे चले आ रहे हैं।]

विक्रमादित्य : आइए रत्नवर धन्वन्तरि...आसन ग्रहण कीजिए।

धन्वन्तरि : आज यह नयी परिपाटी कैसी! आसन तो पहले गणनायक ग्रहण करते हैं।

विक्रमादित्य : *(झेंप मिटाते हुए)* आप जैसे वयोवृद्ध ज्ञानी ही ग्रहण कर लें तो उसमें भी क्या आपत्ति है! चलिए विराजिए।

(विक्रमादित्य अपने सिंहासन पर बैठते हैं तो नवरत्न भी आसन ग्रहण करते हैं।)

वररुचि : सभा का आज यह प्रात:कालीन सत्र! कोई आपातस्थिति तो नहीं?

विक्रमादित्य : *(हँसकर)* नहीं...नहीं ऐसा कोई आपातकाल नहीं... *(आचार्य वराह मिहिर को देखकर)* आप तो जानते ही हैं कि पृथुयशस का एक नया सन्देश कल प्राप्त हुआ। वहाँ वेधशाला सम्बन्धी उनका सर्वेक्षण सम्पन्न हुआ। अब आधारशिला रखने का विशेष अनुरोध है। अत: कल प्रात: महाकालेश्वर को प्रणाम कर वहीं से प्रस्थान करने का विचार है।

क्षपणक : तो आचार्य वराह भी क्या इस अभियान में आपके साथ होंगे?

विक्रमादित्य : नहीं, अभी तो एक सीमित उद्देश्य के लिए जा रहा हूँ। परन्तु हाँ वेधशाला का कार्य तो भविष्य में इन्हीं की देखरेख में होगा...मिहिरावली की भाँति।

वररुचि : *(उत्साहित स्वर में)* यह तो अत्यन्त श्रेयस्कर है। वेधशालाएँ तो जितनी बनें उतना ही उत्तम है। यह शास्त्र और विज्ञान का

संगम है।

विक्रमादित्य : यह सूचना तो मैं आपको राजसभा में भी दे सकता था पर आज नवरत्नों को क्षिप्राटट से सीधा यहाँ लाने का विशिष्ट प्रयोजन है। इस विषय में आचार्य वराह से चर्चा कर चुका हूँ। पृथुयशस को सूचना देने से पूर्व अपने नवरत्नों की सम्मति चाहता हूँ।

क्षपणक : कोई विशेष नीति सम्बन्धी निर्णय है?

विक्रमादित्य : हाँ, आप ऐसा भी कह सकते हैं।

(कुछ क्षण रुककर विचारमग्न हो जाते हैं। फिर बात को आगे बढ़ाते हुए) आप सभी अवगत हैं कि कुछ दिन पूर्व आचार्य वराह मिहिर की शिष्या और पुत्रवधू खना देवी की गौड़ प्रदेश विषयक भविष्यवाणी एकदम सटीक बैठी। ज्योतिषाचार्यों में आज उनकी एक निजी पहचान बन गयी है। मैं चाहता हूँ उनके ज्ञान और अन्तर्दृष्टि से पूरा राष्ट्र लाभ उठा सके। और वह तभी सम्भव होगा जब हम खना देवी को राजसभा में सभासद के रूप में नियुक्त कर पाएँ।

धन्वन्तरि : *(चौंककर)* खना देवी को...सभासद!

घटखर्पर : *(अचम्भित होकर)* अर्थात् सभासद के रूप में एक स्त्री!

क्षपणक : परन्तु महाराज ऐसा कोई पूर्व उदाहरण तो है नहीं। आज तक राजसभा में सभासद के रूप में कभी कोई स्त्री नहीं रही है।

विक्रमादित्य : *(कुछ उत्तेजित स्वर में तत्परता से)* जब आचार्य वराह मिहिर पहली बार राजदूत बनकर रोम प्रदेश गये थे तो क्या उनसे पहले इस भूमि से इस रूप में कोई वहाँ गया था?

(घटखर्पर की ओर देखते हुए) क्यों रत्नवर घटखर्पर! आपके नेतृत्व में जो आविष्कार हो रहे हैं क्या वे भी पहले हो चुके हैं?

(एक साँस-सी छोड़कर) और जब महाकवि कालिदास ने 'कुमार सम्भवम्' की रचना की तो उससे पहले उसकी रचना क्या उन्होंने की थी? *(कुछ रुककर)* मेरा तात्पर्य था कि पूर्वोदाहरण का न होना बाधा क्यों हो?

वररुचि : *(बात को सँभालने का प्रयास करते हुए)* इसमें क्या सन्देह है महाराज!

विक्रमादित्य : *(गम्भीर स्वर में)* इस विषय में मैं आचार्य वराह से चर्चा कर

चुका हूँ। परन्तु यह निर्णय सबकी अनुमति से करना चाहता हूँ।

(सभी नवरत्न कुछ क्षण मौन धारण किये बैठे रहते हैं। विक्रमादित्य उन्हें ध्यानपूर्वक देखते हैं।)

धन्वन्तरि : *(ताड़ने के अन्दाज़ में वराह मिहिर से)* तो आचार्य वराह को कोई आपत्ति नहीं!

वराह मिहिर : *(अचकचाकर)* व्यक्तिगत रूप से मुझे इसमें कोई आपत्ति नहीं है परन्तु जैसा महाराज ने कहा इतना बड़ा निर्णय तो सबकी सम्मति से ही होगा।

घटखर्पर : *(वराह मिहिर पर हल्का व्यंग्य-सा करते हुए)* हाँ-हाँ, व्यक्तिगत रूप से आपको क्यों आपत्ति होगी...स्त्री विषयक आपके उदार विचार तो सभी जानते हैं...आप ही ने तो लिखा है—ब्राह्मण पैर से पवित्र है, गौएँ पृष्ठ से, छाग और घोड़े मुख से परन्तु स्त्रियाँ तो सब अंगों से पवित्र हैं।

वररुचि : *(व्यंग्य को समझकर अपना पासा फेंकते हुए)* स्त्री रत्न की सृष्टि तो स्वयं ब्रह्मा ने की है। स्त्रियाँ रत्न की शोभा बढ़ाती हैं। किसी स्त्री के राजसभा में आने से सम्भवतः हम रत्नों की कान्ति भी बढ़ जाए!

विक्रमादित्य : *(हल्के रोष से)* क्या इसे परोक्ष असहमति समझा जाए?

क्षपणक : *(बात को सँभालते हुए)* नहीं-नहीं...स्त्री तो जननी है...जीवन का आधार है...साक्षात् सरस्वती है...उसकी निन्दा कोई कैसे कर सकता है!

विक्रमादित्य : *(खिन्न स्वर में)* ऐसा ऐतिहासिक निर्णय सम्भवतः सभी नवरत्नों की उपस्थिति में हो पाता तो उत्तम रहता। *(उदास होकर)* निकट भविष्य में वह कहाँ सम्भव है! रत्नवर कालिदास कश्मीर में हैं। अन्य तीन रत्न भी नगर से बाहर हैं।

वररुचि : *(सम्राट को बहलाने का प्रयास करते)* महाराज, आप चिन्ता न करें। स्थान परिवर्तन से मूल विचारों में तो कोई अन्तर नहीं आता। आज महाकवि कालिदास यहाँ सभा में हमारे बीच होते तो क्या विरोध करते!

(घटखर्पर की ओर बात सँभालने के अनुरोध की दृष्टि डालते हैं) क्यों रत्नवर घटखर्पर! कविता तो आपको अधिक प्रस्तुत होगी। 'अभिज्ञान शाकुन्तलम्' में स्त्रियों की शिक्षा पर तो कवि

शिरोमणि ने बल दिया है।

घटखर्पर : *(चिढ़कर)* पर स्त्री सभासद का उदाहरण उनके सम्पूर्ण साहित्य में भी नहीं।

वररुचि : *(अपनी मुस्कान को दबाते हुए)* स्त्री के उस रूप को किसी नयी रचना के लिए सुरक्षित रख छोड़ा होगा।

घटखर्पर : *(उसी चिढ़ वाले स्वर में)* क्यों नहीं! यह बात और है कि कवि कुलगुरु कालिदास के स्त्री पात्र दासों की कोटि से आगे नहीं बढ़ पाये...मेरा तात्पर्य था कि वे अन्य पुरुष पात्रों की भाँति संस्कृत नहीं अपितु दासों की भाँति प्राकृत बोलते हैं।

(विक्रमादित्य उन्हें चुप होने का संकेत करते हैं।)

विक्रमादित्य : *(स्वर में रोष)* पर्याप्त विमर्श हुआ। आचार्य वराह आप कुछ और कहना चाहेंगे?

वराह मिहिर : *(स्वर में घबराहट)* मैं निवेदन कर चुका हूँ मान्यवर...मैं निवेदन कर चुका हूँ।

विक्रमादित्य : अर्थात्?

वराह मिहिर : *(तत्परता से)* इस सन्दर्भ में उपस्थित रत्नों के मत में ही मेरा मत है।

विक्रमादित्य : उपस्थित रत्नों का दृष्टिकोण मैं कुछ-कुछ समझ रहा हूँ। किन्तु आप सबकी प्रतिक्रिया मुझे इतनी उत्साहजनक प्रतीत नहीं हो रही। स्पष्ट विरोध न होने पर भी आपकी प्रतिक्रिया में सहमति की गन्ध नहीं है।

घटखर्पर : *(चाटुकारिता से)* आपको ऐसा आभास क्यों हुआ महाराज?

विक्रमादित्य : *(दुःख के साथ)* मैंने सोचा था कि आज के सन्दर्भ में वह उपदेश अब अर्थहीन और अप्रासंगिक हुआ कि जहाँ राजा अपनी सभा करे वहाँ बौनों, कुबड़ों, हिजड़ों और स्त्रियों को नहीं होना चाहिए। आकाश मण्डल के नवग्रहों की भाँति मैं राष्ट्र के तेज को नवरत्नों के रूप में छाँटकर इस सभा में लाया था। ज्ञान-विज्ञान, साहित्य और कला के मर्मज्ञ गुणीजनों की उदार दृष्टि यदि इस बिन्दु पर आकर कुण्ठित हो रही है तो सर्वसाधारण इस आधी जनसंख्या के बारे में क्या सोच पाएगा! *(अत्यधिक दुखी स्वर में)* हा...मालवगणनायक विक्रमादित्य आज निराश हुआ!

धन्वन्तरि : *(घबराकर)* नहीं, नहीं, महाराज! ऐसा नहीं है। मैं समझता हूँ कि ऐसे गूढ़ विषय पर एकान्त चिन्तन की आवश्यकता है।

घटखर्पर : *(बात को समझते हुए)* रत्नवर धन्वन्तरि ठीक कहते हैं। हमें इस पर विचार करने के लिए कुछ समय प्रदान करें।

वररुचि : *(चिन्ता के साथ)* यदि महाराज उचित समझें तो हम परस्पर इस विषय पर विस्तार से गहन चर्चा कर लें। मध्याह्न पश्चात् सम्राट को अपने समवेत परामर्श से अवगत कराएँ।

क्षपणक : मालव नरेश को यह निराशा शोभा नहीं देती। आपकी इच्छा हमारे लिए आदेश है। कोई न कोई मार्ग तो निकालना ही होगा।

विक्रमादित्य : *(उठकर)* मुझे आपके परामर्श की प्रतीक्षा रहेगी। देखता हूँ वह मार्ग क्या होगा!

(विक्रमादित्य का तेज़ कदमों से प्रस्थान। शेष रत्न भी खड़े हो जाते हैं। कुछ क्षण एक-दूसरे को देखते हैं कि स्थिति को कैसे सँभाला जाए। सभी का विचारमग्न मुद्रा में मंच से धीरे-धीरे, एक-एक करके प्रस्थान।)

दृश्य : बारह

[आचार्य वराह मिहिर के निवास का कक्ष। सन्ध्या घिर आयी है। कक्ष में अँधेरा-सा है। एक ओर कमरे में गवाक्ष है। आले में एक छोटा-सा दीपक रखा है जो बुझा हुआ है। पीठिका पर एक रेशम का उत्तरीय उपेक्षित-सा रखा है मानो अभी-अभी किसी ने बेमन से उतार फेंका हो। पास ही एक शिरोभूषण भी वैसे ही उपेक्षित भाव से रखा दिखाई दे रहा है। आचार्य वराह कक्ष में अकेले उद्विग्न-से दिखाई दे रहे हैं। उनके भीतर एक अन्तर्द्वन्द्व चल रहा है जो अँधियारे की तरह गहराता चला जा रहा है।]

वराह मिहिर : *(भीतर का अन्तर्द्वन्द्व शब्दों के सहारे फूट-सा पड़ता है)* मालवगणनायक विक्रमादित्य के रत्न वराह मिहिर का सूर्य अस्त होने से पहले ही कैसा मलिन हो गया! कितना क्लान्त...कितना थकित! इतने दिनों बाद राजसभा जाने मात्र से इतनी थकान हो

गयी? नहीं, इन व्यर्थ के प्रश्नों से मैं उस यक्ष प्रश्न को पीछे नहीं धकेल सकता।

(दुःख के साथ) स्त्री जातकों की हृदय से भूरि-भूरि प्रशंसा लिखने वाला मैं...'बृहत्-जातक' ग्रन्थ का प्रणेता आचार्य वराह मिहिर आज जीवन में स्त्री के प्रश्न को लेकर बहुत साधारण हो गया। मैंने सर्वसम्मति की ओट में अपने व्यक्तिगत मत पर अवगुण्ठन डालने की चेष्टा की...उसे छिपाया।

(दुखी होकर आधे-अधूरे से कहीं बैठते हैं।)

खना...मेरी स्वयंवरा शिष्या, जिसकी ज्ञान की उत्कण्ठा को मैंने शास्त्र का वरदान दिया। पुत्रवधू के रूप में अंगीकार किया। आज उसी के हित में मैं कोई दृढ़ मत व्यक्त क्यों नहीं कर सका! क्या था वह...अस्थिर भाव अथवा छद्म...अनिश्चय अथवा ईर्ष्या?

(खड़े हो जाते हैं। स्वर में तेज़ी आती है।)

सभासद के रूप में उसका चयन मेरे कुल की...मिहिर कुल की कीर्ति पताका को दूर-दूर के प्रदेशों तक ले जाता। ओह!

(फिर उदास हो जाते हैं।)

अन्य रत्नों का अन्तिम निर्णय सुनकर भी मैं उसी प्रकार तटस्थ और मूक क्यों बना रहा!

(स्वर गम्भीर होता है) क्या है यह तटस्थता? क्या होती है तटस्थता? निरपेक्ष कोई नहीं होता। हम मन ही मन अवश्य कहीं बँधे होते हैं। कौन-सी है वह डोर जो हमें बाँधती है? संस्कार? मूल्य? रूढ़ियाँ? जिन्हें हम परम्परा कहते हैं? हम बुद्धि से सिद्धान्तों की रचना करते हैं किन्तु हृदय से हम केवल संस्कारों से बँधे रहते हैं।

(स्वर में करुणा उभरती है) सूर्य आत्मा है चन्द्रमा मन...सूर्य सिद्धान्त प्रतिपादित करते समय यह नहीं समझ पाया था कि केवल सूर्य के प्रकाश पर जीनेवाला चन्द्रमा...मन...कभी सूर्य पर इतना भारी पड़ सकता है। मन आत्मा से बली! आत्मा से?

(स्वर में आत्मग्लानि) खना के समक्ष किस रूप में जाऊँगा?

आत्मा का प्रकाश सूर्य बनकर या अस्थिर चित्त चन्द्रमा बनकर! गुरु बनकर अथवा दूसरों की कीर्ति से भयभीत, शंकित सभासद बनकर!

(कुछ क्षण आत्मग्लानि में और गहरे डूब जाते हैं।)

देश को विदेश से जोड़नेवाला उदारमना यह मिहिर कुल के आदित्यदास का देदीप्यमान कुलसूर्य आचार्य वराह मिहिर आज अपनी ही दृष्टि में भोर का बुझा हुआ दीपक बनकर रह गया!

(तभी खना का हाथ में प्रज्वलित दीपक लिये प्रवेश। उसके दीपक के प्रकाश से कक्ष में रोशनी हो जाती है।)

खना : *(अचम्भित होकर)* आप कब आये पिताश्री? आने की सूचना ही नहीं मिली। इस भाँति अँधियारे में क्यों बैठे हैं? किसी दासी से कह दिया होता।

(क्षणभर ठहरकर देखती है कि आचार्य वराह उत्तर क्यों नहीं दे रहे।)

तुलसी पर दिया बालने जा रही थी...अब पहले यहीं...

वराह मिहिर : *(स्वगत)* दिया रख भी दोगी तो क्या...प्रकाश तो तुम्हीं पर पड़ रहा है। मैं अब छाया भर हूँ।

(मंच पर खना प्रकाशित स्थान पर है और वराह मिहिर हल्के अँधियारे में। उसकी दृष्टि आले में रखे एक बुझे दीपक पर पड़ती है। वह अपना दिया उठाकर वहाँ जाती है और उस दीपक को जलाती है। फिर अपना दीपक भी वहीं रख देती है।)

खना : *(चिन्तित स्वर में)* आप कुछ क्लान्त दिखाई दे रहे हैं। कब लौटे? पहले जल ले आऊँ?

(आचार्य वराह उसे बैठने का संकेत करते हैं।)

सभा से लौटे हैं। इतनी भोर घर से गये थे। पहले...

(आचार्य उसे फिर रुकने का संकेत करते हैं।)

महाराज को आपसे कोई विशेष मन्त्रणा करनी थी? ...बन्धु काका कुछ और ही कह रहे थे...सभा में मेरी नियुक्ति को लेकर...क्या वही प्रसंग था?

(बिजली चमकती है। बादल गरजते हैं। आँधी की आवाज़ आती है। आचार्य वराह आश्चर्य से खना को देखते हैं कि उसे तो सब मालूम है।)

वराह मिहिर : तुम सुबन्धु के घर गयी थीं? *(उदास स्वर में)* अच्छा ही हुआ।

खना : सभासदों का क्या निर्णय रहा?

वराह मिहिर : *(प्रसंग का सामना नहीं कर पाते)* बिजली चमक रही है। मेघ घिर रहे हैं। लगता है वर्षा होगी।

खना : आषाढ़ अभी कहाँ? पूर्वाषाढ़ है सम्भवतः मेघ छट जाएँगे। सभासदों का क्या निर्णय रहा पिताश्री?

वराह मिहिर : निर्णय हो गया।

खना : क्या नवरत्नों को मेरी नियुक्ति पर कोई आपत्ति नहीं?

वराह मिहिर : *(थके स्वर में)* नहीं।

खना : क्या उन्हें राजसभा में मेरा प्रवेश स्वीकार्य है?

वराह मिहिर : हाँ!

खना : *(आश्चर्य और उत्साह से)* हाँ!

वराह मिहिर : परन्तु...

खना : परन्तु?

वराह मिहिर : विक्रमादित्य के नवरत्नों को सभा में जिह्वाविहीन स्त्री–सभासद चाहिए।

खना : अर्थात्?

वराह मिहिर : *(स्वर में ग्लानि और खना की ओर देखे बिना)* उनका कहना है कि यदि स्त्री सभासद बने तो पहले उसकी जीभ काट ली जाए!

(दुखी मन से प्रस्थान। बिजली के कड़कने व बादलों के गरजने की भयावह ध्वनियाँ। कुछ क्षण के लिए खना सन्न रह जाती है। आकाश की ओर देखती है।)

खना : *(करुणामयी मुस्कान के साथ स्वगत)* स्त्री सभासद...पिताश्री, आप तो व्यर्थ ही चिन्तित हैं। श्रावण क्या यह तो आषाढ़ से भी पहले के मेघ हैं। बरसेंगे नहीं। आषाढ़ अभी नहीं आया...नहीं आया...आषाढ़ आने में कई संवत्सर बीत जाएँगे...कई युग...यह नेपथ्य है...इसे मंच तक पहुँचने में समय लगेगा...कल्पान्त...कई

युग...

(दीपक उठाती है। आकाश की ओर दीपक बढ़ाकर देखती है। मानो आकाश देख रही हो।)

श्रावण क्या अभी तो आषाढ़ भी नहीं है...पूर्वाषाढ़ है...यह नेपथ्य है...नेपथ्य।

(खना मंच पर एक ओर मूर्तिवत् खड़ी रहती है।)

दृश्य : तेरह

[मंच पर पीछे एक ओर खना हाथ में प्रज्वलित दीपक लिये मूर्तिवत् खड़ी है। दूसरी ओर से माँ और मेधा का तेज़ कदमों से प्रवेश। आँधी के कारण वस्त्र कुछ अस्त-व्यस्त हो गये हैं। माँ और मेधा से ठीक विपरीत दिशा से दादी का भी साथ-ही-साथ प्रवेश।]

दादी : कहाँ चले गये थे आज तुम दोनों? बारिश के आसार हुए तो मैं घबरा ही गयी थी...न छाता...न बरसाती...

माँ : हाँ, आज वॉक कुछ लम्बी हो गयी।

(आकर थकी-सी बैठती है।)

मेधा : *(अपने विचारों में डूबी-सी स्वगत)* तो खना ने कहा...यह नेपथ्य है...मंच तक पहुँचने में युग बीत जाएँगे!
(प्रकट रूप से) हज़ारों साल पहले भी किसी को औरत होने की कीमत चुकानी पड़ी थी। *(पलटकर)* पर माँ वह युग क्या कभी आएगा...जब आषाढ़ और श्रावण के मेघ बरसेंगे...जब नेपथ्य...नेपथ्य नहीं रहेगा!

माँ : *(अपने पाँव दबाते हुए)* यह तुम बताओ। तुम नौकरी करती हो...लेडी ऑफिसर हो...

(दादी खिड़की से आसमान के बादल देख रही है।)

मेधा : लेडी ऑफिसर...यही तो प्रॉब्लम है...*(खो-सी जाती है)* परन्तु बर्दाश्त कहाँ कर पाते हैं मुझे वे लोग...मेरे ज़्यादातर फैसलों का विरोध करते हैं...कमियाँ ढूँढ़ते हैं मुझमें...दे फील चैलेंज्ड!

माँ : यह विरासत में मिला है क्या करें वे...मैं जब पहली बार मजिस्ट्रेट बनकर गयी थी तो मेरा चपरासी...मेरे सब-ऑरडिनेट मुझे 'सर' कहकर बुलाते थे। उनके लिए मैं मैडम नहीं सर थी। *(अभिनय-सा करते हुए)* सर!

दादी : *(मुस्कराते हुए)* अरे उन बेचारों ने कहाँ सोचा होगा कि औरत की मातहती करनी होगी। अफसर को सर कहते थे तो कह दिया सर।

मेधा : *(माँ से)* अच्छा, ये तो बताओ कि कहानी का अन्त क्या हुआ?

दादी : *(चौंककर)* कहानी...कौन-सी कहानी?

मेधा : दादी, तुम नहीं समझोगी।

दादी : *(हैरानी से)* नहीं समझूँगी! क्यों?

मेधा : यह एक अलग कहानी है...*(माँ से)* जल्दी बताओ न ममा!

माँ : *(सँभलकर बैठते हुए गम्भीर आवाज़ में)* सवाल यह नहीं है कि अन्त क्या हुआ क्योंकि असली अन्त तो किसी को भी नहीं मालूम। बात यह है कि खना सभासद नहीं बन पायी।

(खड़ी हो जाती है।)

जानती हो मेधा कुछ लोगों का मानना है कि उसकी ज़बान काट दी गयी थी। और कुछ का मानना है कि उसने अपने परिवार और ससुर को अपमान से बचाने के लिए अपनी ज़बान खुद काट ली थी।

मेधा : *(दुख के साथ)* ओ पुअर खना!

दादी : *(हैरानी से)* अरे क्या खना की बात कर रहे हो?

(माँ और मेधा दादी को अचम्भित हो देखते हैं।)

वो बराह वाली खना? अरे वो बराह मिहिर...

माँ : *(अनमने स्वर में)* बराह?

(अचानक समझ जाती है कि दादी वराह मिहिर की ओर ही संकेत कर रही हैं।)

हाँ...बराह वाली खना।

दादी : *(स्वर में उत्साह)* अरे वो अपनी ज़बान खुद क्यों काटती भला! मेरी दादी तो कुछ और ही कहती थी।

मेधा : *(आश्चर्य से)* आपकी दादी! क्या?

दादी : यही कि खना की ज़बान तो खुद बराह ने ही काटी थी!

मेधा : क्या वराह मिहिर ने?

माँ : माई गॉड, तो एक वर्जन ये भी है।

(दोनों चौंककर दादी को देखती हैं। उनके मुँह अचम्भे से खुले के खुले रह जाते हैं।)

दादी : *(बाल-सुलभ स्वर में)* अब मैं क्या जानूँ...दादी कहती थी!

(दादी अपनी दादी का उल्लेख कर कुछ झेंप-सी जाती हैं। उनके एक ओर माँ और दूसरी ओर मेधा खड़ी उन्हें अचम्भे से देख रही हैं। मंच पर पीछे मूर्तिवत् खना हाथ में प्रज्वलित दीपक लिये खड़ी है मानो प्रतीक्षारत हो। प्रतीक्षा—किसी व्यक्ति की नहीं, उस श्रावण-मेघ की स्वर-लहरियों की जिनकी गमक से मंच उद्‌भासित हो उठे। मंच का प्रकाश-वलय खना के इर्द-गिर्द छा जाता है।)

[पटाक्षेप]

●●●